ABEL HAATAN

CONTRIBUTION
À L'ÉTUDE
DE L'ALCHIMIE

THÉORIE ET PRATIQUE
DU
GRAND ŒUVRE

PARIS

Librairie générale des Sciences Occultes

BIBLIOTHÈQUE CHACORNAC

11, Quai Saint-Michel, 11

1905

CONTRIBUTION
A L'ÉTUDE
DE L'ALCHIMIE

ABEL HAATAN'

CONTRIBUTION

A L'ÉTUDE

DE L'ALCHIMIE

THÉORIE ET PRATIQUE

DU

GRAND ŒUVRE

PARIS

Librairie Générale des Sciences Occultes
BIBLIOTHÈQUE CHACORNAC
11, QUAI SAINT-MICHEL, 11

1905

CONTRIBUTION A L'ÉTUDE

DE L'ALCHIMIE

AVERTISSEMENT

Quelques amis ayant bien voulu, à la suite de nos travaux de ces dernières années, nous reconnaître quelque compétence en Alchimie, nous avons, cédant à leurs sollicitations, décidé de publier ce petit livre.

Nous estimons que pour épuiser la question il eut été nécessaire d'écrire un traité bien plus volumineux, mais nous avons eu l'intention de présenter un point de vue personnel, celui qu'en raison de nos lectures et de nos travaux nous avons dû adopter, et non de faire l'historique complet des théories et procédés préconisés par les différents alchimistes.

Indiquer au lecteur quelques règles simples, qu'il ne faut pas oublier sous peine de s'égarer dans le labyrinthe hermétique ; lui fournir le moyen de s'orienter dans ses recherches ; tel a été notre but.

Contrairement à ce qui avait été fait jusqu'à ce jour nous nous sommes efforcé de rendre l'étude de l'alchimie plus méthodique.

Il nous a paru nécessaire d'accorder une plus large place aux conceptions philosophiques dont elle dérive ; d'examiner plus longuement les phénomènes géologiques qui la justifient.

Incidemment nous avons fait appel aux découvertes de la science moderne qui sont venues autoriser les prétentions de nos Philosophes, et fait intervenir les documents historiques qui établissent l'existence de leur Pierre Philosophale et l'authenticité d'un certain nombre de transmutations.

Pour ce qui est de la pratique, nous n'avons point hésité, avec quelques réticences assez compréhensibles, mais d'ailleurs fort transparentes, à laisser entendre au lecteur comment, à notre avis, il convenait de régler la série des opérations et où il importait de rechercher cette précieuse matière sur laquelle les alchimistes travaillaient.

Est-ce à dire que nous avons exposé clairement un procédé infaillible qui permette de pratiquer, sans plus ample imformé, la transmutation des métaux ? Nous ne voudrions point qu'un esprit crédule pût le croire.

L'auteur est un étudiant comme bien d'autres qui a peut-être l'avantage, ayant apporté plus de persévérance dans ses recherches, d'avoir acquis plus de certitude au sujet de l'existence de la

Pierre, mais qui ne saurait prétendre cependant à la possession de ce bien très précieux.

Ayant largement prodigué son temps et son huile il s'en autorise pour distribuer quelques conseils à ceux que l'Alchimie attire et qui voudront bien les écouter.

A. H.

INTRODUCTION JUSTIFICATIVE

Les théories et la pratique de l'Alchimie ont-elles encore quelque raison d'être à notre époque ?

Il est évident que pour la plupart de nos contemporains cette science doit être reléguée parmi les rêveries et les superstitions d'un autre âge et qu'on ne saurait s'en occuper sans être taxé d'ignorance ou de faiblesse d'esprit.

Mais il ne faut pas se laisser influencer par cette opinion du plus grand nombre, car il est facile de constater que ceux qui la partagent ont assez généralement négligé d'étudier la question.

Ils ont jugé plus facile de décréter *a priori* que la science alchimique ne possédait aucune raison d'être, aucune méthode ; qu'elle était irrationnelle et arbitraire, qu'elle n'avait enfin aucune réalité, et en conséquence ne pouvait faire l'objet d'une étude sérieuse.

Avec un peu plus de persévérance on se fût convaincu au contraire que les alchimistes, loin de procéder au hasard, avaient su concevoir une philosophie de la nature qui était la justification rationnelle de leurs actes et de leurs espérances.

Certes parmi ces chercheurs il existait des empiriques, des souffleurs, dont le travail consistait à expérimenter sans direction ni méthode les formules les plus incohérentes; mais les véritables adeptes dès longtemps s'étaient efforcés de saisir le secret de la nature, de pénétrer les lois qui ont présidé à la formation des corps, et s'inspiraient de leurs conceptions et de leurs observations pour diriger leurs recherches et réglementer leurs travaux.

Evidemment les ouvrages des écrivains alchimistes sont d'un abord très difficile et fourmillent d'obscurités peu faites pour attirer le lecteur et le retenir; mais si cette circonstance explique la répugnance que l'on éprouve à parcourir leurs écrits, et, par suite, l'ignorance où l'on est de leurs idées, elle ne saurait autoriser la désinvolture avec laquelle, en toute ignorance de cause, on les condamne.

On ne devrait pas oublier que le labeur incessant et les découvertes nombreuses de ces chercheurs infatigables, ont préparé l'avénement et le développement de la chimie moderne, et, à ce titre, il serait convenable non seulement de montrer pour eux quelques égards, si on peut appeler ainsi le fait de ne point condamner quelqu'un sans jugement, mais aussi de leur conserver une pieuse reconnaissance.

Et si, comme excuse, on objecte que ces découvertes étaient purement fortuites, et ne pouvaient avoir aucune liaison avec la doctrine erronée des alchimistes, nous ferons remarquer que la science moderne, bien souvent déjà, a été sur le point d'accueillir l'idée fondamentale de leur système et, sinon de reprendre leurs tentatives, du moins d'en admettre la principale raison d'être.

On considère généralement que les découvertes de Lavoisier ont porté un coup funeste aux théories alchimiques et que depuis cette époque les chercheurs ont dû renoncer à l'espoir de réaliser des transmutations.

Telle était du moins l'opinion de M. Wurtz, lors de l'apparition de son dictionnaire (1), et il s'en expliquait en faisant observer que cette illusion, qui avait duré aussi longtemps que les métaux étaient considérés comme des corps composés, n'avait pu persister lorsqu'il eut été démontré quils étaient simples, indécomposables et indestructibles.

Eh bien, en admettant que les découvertes de Lavoisier aient pu déterminer un certain ralentissement dans l'étude et la pratique de l'Alchimie, il faut en voir la raison ailleurs, car la nature simple des métaux et des autres éléments n'a

---

1. Wurtz., *Dictionnaire de Chimie pure et appliquée.* Paris, 1874.

jamais été définitivement admise, et toutes les fois que les chimistes ont espéré tirer des faits la preuve du contraire ils ont saisi l'occasion avec empressement.

En 1816, Prout s'efforçait ainsi de démontrer que l'hydrogène est la matière primordiale qui forme les autres éléments par condensations successives. Il appuyait cette hypothèse sur ce fait, que les poids atomiques et les densités des pseudo corps simples étaient des multiples par des nombres entiers du poids atomique et de la densité de l'hydrogène.

Cette hypothèse fut tout d'abord très favorablement accueillie par Dalton et par Thomson, mais Turner, que l'Association Britannique avait chargé en 1832, de faire des expériences à ce sujet, fut d'avis qu'elle reposait sur des faits inexacts.

Il convient de reconnaître que Prout n'avait comparé qu'un très petit nombre de corps, et qu'à cette époque la détermination des poids atomiques et des densités n'était pas suffisamment exacte pour qu'on puisse prendre sa conception en considération.

Elle devait bientôt rencontrer un défenseur ardent en la personne de Dumas. Ce chimiste, à la suite des recherches qu'il avait entreprises avec M. Stas, fut conduit à admettre que le poids atomique du carbone était exactement douze fois plus élevé que celui de l'hydrogène. Il fit remarquer ensuite que les poids atomiques de l'oxygène, de l'azote et du soufre étaient également des multiples de celui de l'hydrogène. Les travaux qu'il entreprit ensuite, dès 1857, pour vérifier les poids atomiques d'un certain nombre de corps vinrent encore augmenter le nombre des éléments qui semblaient confirmer la loi de Prout (1).

Il semblait donc que cette dernière était définitivement acquise, bien qu'il y eut encore quelques exceptions, lorsque de nouveaux résultats obtenus par Stas, à la suite d'opérations plus méticuleuses et plus méthodiques, vinrent démontrer, particulièrement au sujet de l'argent, du sodium, du potassium et du chlore, que l'hypothèse de Prout était inadmissible.

Cependant Dumas ne se découragea pas et, en 1878, dans une communication à l'Académie des Sciences, il déclarait, à l'occasion d'une rectifica-

1. En 1851, dans une séance de l'*Association Britannique pour l'avancement des sciences*, *Faraday* déclarait, à l'occasion de la présentation d'un nouveau corps, que les chimistes voyaient avec regret la rapide augmentation du nombre des corps simples. « Mais, ajoutait-il, il est probable que nous devrons bientôt à quelques-uns de ces prétendus éléments l'honneur d'arriver, par de nouveaux modes de recherche, à la complète décomposition des métaux ».

A la même séance *Dumas* émettait l'opinion que les métaux qui se substituent les uns aux autres, dans certains composés, pourront vraisemblablement se transmuter les uns en les autres, et à ce propos il rappelait l'opinion des Alchimistes sur la transmutation des métaux.

tion qu'il avait apportée au poids atomique de l'argent, rectification qui était favorable à l'idée qu'il défendait, que très probablement le poids atomique des corps échappant à la règle était susceptible d'une correction identique, et que, par suite, l'hypothèse de Prout restait toujours vraisemblable.

Cette belle ténacité ne devait pas être récompensée, car, lorsque les recherches devinrent plus précises et les résultats plus exacts, on dut reconnaître que la célèbre hypothèse péchait par sa base et que, suivant l'opinion de Turner, la relation numérique sur laquelle elle s'appuyait était illusoire.

On éprouva quelque déception de cet insuccès, et, comme les poids atomiques des corps refusaient absolument d'être des multiples de celui de l'hydrogène par des nombres entiers, on eut recours alors à plusieurs expédients pour découvrir quelque autre rapport qui pût autoriser la même interprétation.

Nous énumérerons ces tentatives, car elles établissent que, si les successeurs de Lavoisier n'avaient pas cessé d'admettre l'unité de la matière et de chercher à en faire la preuve, il n'y avait aucune raison pour que les découvertes du fondateur de la chimie aient amené les alchimistes à abandonner l'idée fondamentale de leur système et par suite à renoncer à leurs travaux.

Tout d'abord, on essaya de rajeunir l'hypothèse de Prout en choisissant comme unité, non plus le poids atomique de l'hydrogène, mais la moitié ou le quart de ce poids. Cette tentative, qui était beaucoup plus laborieuse, n'eut pas plus de succès que la précédente.

Plus tard, en raison des relations numériques existant entre les poids atomiques des corps appartenant à un même groupe, on en vint à supposer, qu'à l'exemple des composés homologues de la chimie organique, formés par addition de n CH^2 à un composé donné, les métaux étaient formés par addition, à des radicaux primordiaux, d'une matière unique variant simplement par son état de condensation.

Tous ces essais devaient rester infructueux, mais Crookes allait donner à cette thèse une nouvelle forme.

La proposition de Mendéléeff [1] que les propriétés des corps sont fonctions périodiques des poids atomiques et la classification qui en a été la conséquence avaient provoqué l'émulation des savants.

Crookes se consacra particulièrement à l'étude de certains corps qui n'avaient pu prendre place dans le classement du chimiste russe.

Ayant constaté que leurs poids atomiques les plaçaient dans une position identique par rapport au tableau qui avait été dressé, il fut conduit à examiner très minutieusement des corps situés dans une position absolument opposée. Ses recher-

1. Mendéléeff (Dmitri Ivanovitch), *La loi périodique des éléments chimiques*, 1879.

ches comparatives l'amenèrent à analyser l'*Yttria* (gadolinite) et à constater dans cette terre la présence d'une série de corps tellement voisins que seule l'analyse spectrale était susceptible de les différencier. Il considéra ces corps comme les témoins d'une transformation progressive de l'*Yttrium* et n'hésita pas à admettre une genèse évolutive du règne minéral (1).

Il supposa qu'à l'origine il existait une matière première, le protyle, qui était chargée d'énergie.

Cette matière, par des condensations successives que gouvernait un rhythme spécial, avait donné naissance à la série des éléments chimiques.

Nous n'avons pas entrer dans le détail de l'hypothèse de Crookes, mais nous ferons remarquer que sa conception d'un nouvel état de la matière, l'état radiant, appuyée par de fort belles expériences, la complète très avantageusement.

Crookes avait réussi en partant de cette interprétation à expliquer la présence des corps restés en dehors de la classification de Mendéléeff, et la nouvelle construction graphique établie par Lothar Meyer d'après les poids et les volumes atomiques allait fortifier son explication (2).

---

1. W. Crookes: *Die Genesis der Elemente*. Braunschweig. 1888.
2. L. Meyer. *Le système naturel des Eléments*. 1889.
Dans cet ordre d'idées nous pourrions encore citer les ouvrages de Gustave Wendt, Wilhelm Preyer, Victor Meyer, A. Turner, etc., etc.

Comme il était facile de le prévoir, l'interprétation de Crookes fut accueillie avec réserve, mais de nouveaux faits obligèrent bientôt les chimistes à y recourir.

Ainsi Villard, après de longues recherches sur la nature du spectre qui se forme dans les régions voisines de la cathode d'un tube de Crookes, en vint à conclure que l'hydrogène était le gaz constitutif des rayons cathodiques. Suivant lui ce spectre, qui disparaît ainsi que les rayons cathodiques, lorsque le vide a été fait avec un soin extrême, serait dû à la présence de la vapeur d'eau qu'il est extrêmement difficile d'éliminer complètement (1). Mais il serait utile de reprendre ces expériences de manière à démontrer qu'on se trouve bien en présence de l'hydrogène tout en écartant les composés susceptibles d'expliquer la présence de ce corps par une simple décomposition chimique.

Enfin pour expliquer l'électrisation des rayons cathodiques il n'a pas suffi d'avoir recours à l'hypothèse de Thomson et de supposer que le gaz traversé par la décharge subit une décomposition en Ions analogues aux Ions électrolytiques. Il a fallu admettre qu'on se trouvait en présence d'une décomposition plus profonde de la matière du

---

1. Jamin. *Cours de physique de l'école Polytechnique*. Bouty. *Deuxième supplément*. Paris 1899.

gaz ou des électrodes, décomposition qui nous mettrait en présence, suivant l'expression de Faraday et de Crookes, d'un nouvel état de la matière (1).

Ainsi on se familiarise de plus en plus avec cette idée d'une matière première unique donnant naissance, suivant son mode de condensation (2), c'est-à-dire suivant la forme sous laquelle elle est ordon-

---

1. Jamin. Cours de physique, de l'école polytechnique. Bouty. Deuxième supplément, Paris 1899.
2. A ce propos les déclarations faites par *Ernest Haeckel*, professeur à l'Université d'Iéna, dans une brochure dont la traduction fut publiée à Paris en 1897, sous le titre. « *Le monisme, lien entre la religion et la science* », sont particulièrement significatives : « Notre chimie analytique actuelle, dit-il, a besoin de tenir compte encore d'environ soixante-dix matières indécomposables ou éléments. Cependant les relations réciproques de ces éléments, leur parenté par groupes, leurs propriétés spectroscopiques, etc., rendent très vraisemblable qu'ils sont historiquement tous de simples produits d'évolution, constitués par les dispositions et les corrélations différente d'un nombre variable d'atomes primitifs ». p. 18.

Et plus loin (p. 19) il ajoute : « Crookes, dans sa *genèse des éléments*, avait déjà donné à cette substance primitive hypothétique le nom de matière primitive ou Protyle. La démonstration expérimentale de cette substance primitive, qui est la base de toute matière pondérable, n'est peut-être qu'une question de temps. *Sa découverte remplira vraisemblablement les espérances des alchimistes, de transmuter artificiellement en or et en argent d'autres éléments* ».

née, à toute la variété de nos éléments chimiques, et il est facile de prévoir qu'il suffira de pénétrer un peu plus dans l'inconnu des choses pour que cette conception se généralise.

Certes on ne manquera pas alors de louer l'intuition des alchimistes, mais on fera observer que leur affirmation gratuite ne saurait être confondue avec l'induction raisonnée des modernes.

Mais, qu'on ne s'y trompe pas, les alchimistes ont mieux fait que d'affirmer simplement l'unité de la matière, ils ont en outre décrit le mode suivant lequel la multiplicité des corps surgit du milieu primitif.

Et à ce propos nous rappellerons un curieux travail, inspiré par les travaux de Mendéléeff, et de Crookes, ou l'auteur, M. Barlet, établit un rapprochement éloquent entre les quatre phases d'activité du protyle et le quaternaire élémentaire des anciens (1).

Réduite à une vague croyance en la nature composée des métaux, la doctrine alchimique eût été très rudimentaire, peu digne de provoquer l'admiration, et les pratiques qu'elle eût inspirées auraient été aveugles et inhabiles ; mais il n'en était pas ainsi.

Nous essayerons de montrer qu'au contraire ils ont su concilier l'unité de la matière avec la mul-

---

1. Barlet.« Essai de chimie synthétique ». Revue *L'Initiation*, octobre 1892.

tiplicité des formes métalliques, qu'ils ont connu les phases d'une évolution naturelle du règne minéral, que la science n'ose pas encore prévoir, et que pour reproduire dans leurs laboratoires ce qu'ils avaient très soigneusement observé dans la nature, ils ont su parvenir à une interprétation adéquate des phénomènes chimiques.

Et c'est précisément en éclipsant cette interprétation, en amenant les gens à considérer les choses sous un autre point de vue et en leur faisant oublier la signification alchimique des opérations qu'ils effectuaient sur les corps, que Lavoisier a exercé son influence.

Contrairement à certains souffleurs modernes, prétentieux et ignares, qui n'hésitent pas au nom de Raymond Lulle ou de Paracelse qu'ils ignorent, à critiquer les progrès et les découvertes de la chimie moderne, nous admirons sincèrement les hommes de génie, dont le labeur incessant a créé cette science admirable.

Mais contrairement aussi à certains alchimistes qui cherchent à s'inspirer des théories actuelles pour réaliser l'œuvre transmutatoire à la manière d'une réaction chimique et d'une combinaison quelconque, nous affirmons que pour éviter échecs et déboires, il faut s'adresser uniquement et exclusivement aux vieilles règles de l'art hermétique.

Le domaine de la chimie et celui de l'alchimie sont parfaitement distincts, et on peut prédire à coup sûr que quiconque voudra les confondre gaspillera en pure perte son temps et son huile.

CHAPITRE I

L'ALCHIMIE ET SES ORIGINES

L'Alchimie et ses Origines

Suivant l'opinion commune l'Alchimie a pour objet la recherche de la Pierre Philosophale et de l'Elixir de longue vie ; la première doit fournir le moyen de transmuter en or ou en argent les métaux de moindre valeur, le second, qui constitue une sorte de Panacée universelle, doit permettre de combattre avec succès toutes les maladies et de prolonger en conséquence la vie humaine au-delà des limites ordinaires.

Cette définition de l'Alchimie est assez exacte, mais elle est incomplète, car si elle indique le but que se propose l'alchimiste, elle ne fait pas connaître les raisons qui l'autorisent à poursuivre l'accomplissement de rêves aussi ambitieux et en apparence aussi irréalisables.

Il est plus juste de dire que : « le but de l'alchimie était celui que poursuit de nos jours la synthèse chimique : saisir les secrets de la puissance créatrice de la nature et reproduire les corps que nous avons sous les yeux, par la connaissance des lois qui ont présidé à leur formation ».

Mais alors que la chimie moderne s'efforce de réaliser uniquement la synthèse des composés chimiques, l'Alchimie prétend réaliser aussi celle des éléments simples et démontrer ainsi expérimentalement la commune origine de tous les corps.

Ses partisans estiment que la matière est unique, que les qualités essentielles et accidentelles que possèdent les corps proviennent uniquement de leurs formes. Or les formes peuvent passer d'une matière à une autre et déterminer ainsi la transformation d'une substance en une autre suivant un processus qui s'effectue naturellement dans l'univers. Cette évolution, subordonnée aux conditions extérieures, ne s'accomplit qu'avec la plus grande lenteur, mais il appartient à l'art de la réaliser promptement, en opérant dans des circonstances particulièrement favorables et en faisant intervenir un agent artificiel doué à un très haut degré de la vertu radicale et formelle.

Il est assez difficile d'indiquer avec précision quelles furent les origines de l'Alchimie, mais il est certain que si loin que nous puissions remonter dans la nuit des temps nous trouvons des preuves de son existence.

Les Egyptiens, les Chinois, les Indous, les Grecs, les Arabes, et enfin le moyen âge, nous ont laissé de nombreux textes alchimiques, et il suffit de consulter les collections des alchimistes grecs et arabes, si savamment mis en lumière par M. Berthelot, et les ouvrages innombrables d'origine plus récente, pour pouvoir apprécier l'effort accompli dans cette voie par de nombreuses générations.

C'est parmi les esprits les plus remarquables et les savants les plus érudits, qu'en tous les temps et en tous les pays elle a recruté ses adeptes les plus enthousiastes.

Aussi un grand chimiste de notre époque, M. Berthelot, n'a-t-il pas hésité à étudier scrupuleusement les théories et les pratiques de l'Alchimie et il est curieux de reproduire ici ses propres paroles :

« J'ai retrouvé non seulement la filiation des idées qui les avaient conduits à poursuivre la transmutation des métaux ; mais aussi la théorie, la philosophie de la nature qui leur servait de guide ; théorie fondée sur l'hypothèse de l'unité de la matière et aussi plausible au fond que les théories modernes les plus réputées » (1).

Voici ce que dit de cette science décriée l'un de nos savants les plus distingués et cette opinion ne manquera pas de surprendre ceux qui n'ont jamais consulté les textes alchimiques et les ouvrages de M. Berthelot, et qui néanmoins n'hésitent pas à

---

1. Berthelot. *Les origines de l'Alchimie*. Paris, 1885. Préface p. XIV.

émettre un jugement définitif sur un sujet qu'ils ignorent complétement.

Dans un autre passage l'auteur des *Origines de l'Alchimie* est encore plus affirmatif : « Or circonstance étrange ! les opinions auxquelles les savants tendent à revenir aujourd'hui sur la constitution de la matière ne sont pas sans quelque analogie avec les vues profondes des anciens alchimistes » (1).

Que pourrions-nous ajouter de plus en faveur des alchimistes après un jugement si autorisé ?

Il ne faudrait pas croire que seul M. Berthelot, dans le monde savant, ait pris la défense des Philosophes Hermétistes ; M. Dorvault lui aussi s'efforce de leur faire rendre justice : « Le langage allégorique des alchimistes, dit-il, qui nous cache tant de faits précieux, prend autant sa source dans les sévérités dont ils étaient l'objet que dans l'amour du merveilleux qu'on avait à cette époque. L'idée de la transmutation des métaux vils en métaux nobles, pour laquelle on les a tant conspués, n'est-elle pas en quelque sorte réhabilitée par des chimistes contemporains du plus haut mérite ? »

Et Figuier, qu'on ne saurait accuser de montrer trop de bienveillance à leur égard, n'a-t-il pas dû formuler certaines réserves : « Dans l'état présent de nos connaissances, déclare-t-il, on ne peut prouver d'une manière absolument rigoureuse que

---

1. Berthelot. *Les origines de l'Alchimie*, préface p. XV.

la transmutation des métaux soit impossible : quelques circonstances s'opposent à ce que l'opinion alchimique soit rejetée comme une absurdité en contradiction avec les faits » (1).

On pourra objecter qu'en revanche M. Berthelot n'admet pas que les alchimistes aient réussi à obtenir la transmutation des métaux, mais cette opinion est sujette à controverse, car des faits historiques parfaitement indiscutables témoignent du contraire ; et alors même que ces faits n'existeraient pas ce ne serait pas une raison pour qualifier l'Alchimie d'art chimérique.

La chimie actuelle ne nous offre-t-elle pas de nombreux exemples de réactions dont on admet la possibilité sans pouvoir cependant les obtenir ?

La vérité est que les alchimistes possédaient une théorie et une pratique qui se complétaient parfaitement et qu'à moins de nier complètement le témoignage de l'histoire et de refuser tout crédit aux écrits alchimiques, quelles que soient l'autorité et la véracité de leurs auteurs, on doit reconnaître qu'un certain nombre d'entre eux ont vu leurs efforts couronnés de succès.

Evidemment parmi les textes qui nous sont parvenus il en existe un certain nombre qui, pour ne pas dire autre chose, sont sans valeur, « mais si des jongleries indignes souillent ses fastes, dit

---

1. Figuier. *L'Alchimie et les Alchimistes*, Paris, 1854.

Dorvault, une gangue infime n'accompagne-t-elle pas toujours, dans leurs gîtes naturels, les pierres les plus fines, les métaux les plus précieux ? » (1).

Si il est difficile de fixer exactement l'époque à laquelle l'Alchimie prit naissance, il est plus difficile encore d'établir par quelle voie, par quelle méthode les alchimistes acquirent leurs premières notions et quel fut le point de départ de leurs recherches.

Il est certain cependant que bien postérieurement à l'apparition de l'alchimie, ses adeptes joignent à la spéculation philosophique l'observation de la nature.

Ce sont des métaphysiciens et des philosophes qui accordent à l'observation des phénomènes sensibles et à l'expérience la part qui leur convient.

M. Berthelot a parfaitement distingué que dans l'alchimie il y avait des éléments d'origines diverses, et que ceux qui la pratiquaient s'appuyaient à la fois sur une théorie et sur des faits (2).

Mais il a eu le tort, à notre avis, de donner à ce qu'il appelle l'élément industriel une prépondérance qu'il ne saurait avoir.

1. Dorvault. *L'Officine.* Paris, 1898. Introduction, p. 22.
2. « L'Alchimie s'appuyait sur un certain ensemble de faits pratiques connus dans l'antiquité et qui touchaient la préparation des métaux, de leurs alliages et celle des pierres précieuses artificielles. » *Les origines de l'Alchimie*, p. 211.

Remontant dans la plus haute antiquité, chez les Egyptiens, il s'est servi d'une liste de corps qui figure sur un certain nombre de monuments et qui comprend, suivant la traduction admise des métaux, des alliages et des pierres précieuses, pour établir que les anciens ne différenciaient pas la nature de ces différentes substances.

« D'après Lepsius les Egyptiens distinguent dans leurs inscriptions huit produits minéraux particulièrement précieux, qu'ils rangent dans l'ordre suivant :

L'or, ou *nub* ;

L'*asem*, ou electrum, alliage d'or et d'argent ;

L'*argent*, ou hat ;

Le *chesteb*, ou minéral bleu, tel que le lapis lazuli ;

Le *mafek*, ou minéral vert, tel que l'émeraude ;

Le *chomt*, airain, bronze ou cuivre ;

Le *men*, ou fer ;

Enfin le *taht*, autrement dit plomb » (1).

Confondant métaux et alliages les anciens qui savaient fabriquer ces derniers par mélange ont dû nécessairement chercher à obtenir l'or et l'argent par un procédé analogue. Tel est le sentiment de M. Berthelot.

« Cet alliage (l'Electrum) peut être obtenu du premier jet au moyen des minerais naturels ; et il

---

1. Berthelot, *Les origines de l'Alchimie*, p. 212.

peut être reproduit par la fusion des deux métaux composants, pris en proportion convenable.

C'est donc à la fois un métal naturel et un métal factice; rapprochement indiquant les idées qui ont conduit les alchimistes à tâcher de fabriquer artificiellement l'or et l'argent. » (1)

Confondant d'autre part les métaux et les pierres précieuses et sachant préparer et teindre artificiellement ces dernières, les anciens, toujours suivant M. Berthelot, ont eu l'idée de modifier les propriétés des métaux et en particulier leur couleur par un procédé analogue.

« Enfin nous y apercevons une nouvelle notion, celle de la teinture; car l'imitation du saphir naturel repose sur la coloration d'une grande masse, incolore par elle-même, mais constituant le fonds vitrifiable que l'on teint à l'aide d'une petite quantité de substance colorée. » (2)

Or cette thèse n'est pas soutenable et il est plus logique d'admettre que les anciens ont su différencier les métaux et leurs alliages.

Ils savaient préparer l'electrum et extraire d'autre part l'or et l'argent que renfermait celui qu'ils obtenaient directement par traitement de minerais spéciaux, il leur était donc impossible de ne pas distinguer le composé des composants et si ils les

1. Berthelot. *Les origines de l'Alchimie*, p. 218.
2. *Id.*, p. 221.

associaient dans un même tableau ce n'est pas pour indiquer qu'ils avaient la même nature.

En supposant que la traduction de Lepsius ne soit pas sujette à caution on doit admettre que le rapprochement qui existe dans cette liste a été fait pour des raisons qui nous échappent, mais on ne saurait y voir un essai de classification naturelle.

Quel est d'autre part le peuple qui a confondu les métaux et les pierres précieuses ?

D'ailleurs, et M. Berthelot l'a parfaitement observé, seules les pierres bleues ou vertes figurent dans cette liste.

Le *chenem*, rubis, pierre rouge, émail ou verre rouge ;

Le *nesem*, substance blanc clair ;

Le *tehen*, topaze, jaspe jaune, émail ou verre jaune ;

La *hertès*, couleur blanche, quartz laiteux ; en sont exclus.

Evidemment l'Alchimie s'appuyait sur un ensemble de faits pratiques, mais on ne saurait admettre que les premiers praticiens se soient mépris aussi grossièrement sur la nature des phénomènes qu'ils avaient l'occasion d'observer.

Comme nous le disions précédemment il est très difficile de savoir si les premiers alchimistes ont procédé par induction ou par déduction, mais il est certain qu'à une époque bien postérieure, au moyen âge par exemple, les adeptes basaient leur pratique sur cette théorie dont M. Berthelot fait l'éloge, sur des faits observés dans les mines et enfin sur des expériences de laboratoire (1).

Il suffit de fréquenter la population des mines, à notre époque, pour constater que les mineurs admettent sans aucune hésitation l'existence d'une évolution du règne minéral.

Or ces gens ignorent évidemment les idées néo-platoniciennes et ne possèdent aucune théorie philosophique de ce mouvement géologique qu'ils admettent, mais ils prétendent établir et démontrer que les métaux mûrissent et s'accroissent dans le sein de la terre en s'appuyant sur des faits qui bien souvent ont rendu nos ingénieurs très perplexes.

L'un d'eux qui, pendant une partie de sa carrière, avait dirigé l'exploitation de mines d'or, convenait que les circonstances semblaient bien souvent autoriser cette manière de voir. Il possédait dans sa collection divers échantillons qui, au dire des mineurs, manquaient de maturité.

Or il est certain qu'à toutes les époques ces idées ont dû avoir cours chez les ouvriers employés à l'exploitation des gisements métallifères.

1. « Celuy qui transmua le premier n'avait aucun livre, mais suivait la nature, regardant comment et avec quoy elle travaille. » Nicolas Valois. *Les cinq livres*. Ms. Bibl. de l'Arsenal.

Il est donc vraisemblable que les premiers alchimistes se sont appuyés sur leur conceptions philosophiques et sur ces faits naturels pour établir leur doctrine et organiser leur pratique, et ce qui le prouve c'est cette importance qu'ils accordent à l'observation et à l'étude de la nature, ces soins qu'ils consacrent à l'examen des gisements et des filons métallifères.

En outre pendant qu'ils s'efforçaient de reproduire dans leurs laboratoires ces processus dont ils avaient cru saisir le mécanisme dans la nature, ils effectuaient de nouvelles découvertes. Au cours de ces expériences les adeptes du moyen âge réussissaient à formuler ces règles simples que la chimie devait approprier, sous le nom de lois de Berthelot, à sa nouvelle conception des réactions chimiques, pendant qu'incidemment ils opéraient la découverte des principaux composés.

On ne saurait donc supposer que la mauvaise observation et la fausse interprétation de certains faits métallurgiques ont été le point de départ des recherches alchimiques.

Ces phénomènes ont pu abuser quelques industriels, mais c'est à tort que M. Berthelot cherche à confondre ces derniers avec les véritables Philosophes. Les uns se préoccupaient surtout de modifier l'apparence des choses de manière à tromper sur leur valeur réelle, et les formulaires qui nous sont parvenus ne s'en cachent pas, tandis que les autres tendaient à une transformation réelle et complète de la nature des corps.

Aussi devrons-nous envisager non seulement les idées qu'ils avaient de la nature, de la matière et de la constitution des corps, mais aussi les théories qu'ils donnaient de la structure géologique du globe et de la formation des gisements métallifères, avant d'entreprendre l'étude des applications qu'ils prétendaient en faire à la réglementation du Grand Œuvre.

CHAPITRE II

LES THÉORIES

CHAPITRE II
S THÉORIES

1ʳᵉ PARTIE
La Philosophie Hermétique. Son caractère et sa méthode.

2ᵉ PARTIE
Notions générales sur la hiérarchie des causes et sur la physiologie de l'Univers. Principe formel et principe matériel. Le médiateur Universel.

3ᵉ PARTIE
La Matière. Constitution intime des corps physiques ou mixtes sensibles.

- I. Etude comparative des diverses théories.
- II. Théorie atomique.
  - 1ʳᵉ Phase. *La Forme et la Matière.*
  - 2ᵉ Phase. *La Semence et les Éléments.*
- III. Composition des mixtes sensibles suivant l'Hermétisme.
  - 3ᵉ Phase. *Le Soufre, le Sel, le Mercure.*

PREMIÈRE PARTIE

La Philosophie Hermétique.
Son caractère et sa méthode.

Pour bien comprendre les théories des Alchimistes sur la constitution des corps matériels, sur la composition de ce qu'ils appellent les mixtes sensibles, il est indispensable d'acquérir tout d'abord une notion succincte de leur doctrine philosophique en général.

M. Berthelot a fort bien observé que les idées des alchimistes possèdent une parenté étroite avec le système des philosophes Alexandrins, et il en a conclu avec juste raison que les adeptes de l'art transmutatoire avaient emprunté aux néoplatoniciens la justification rationnelle de leurs pratiques.

Mais il eut été nécessaire d'ajouter que la doctrine ainsi transmise datait de la plus haute antiquité, et que l'on constate son existence bien antérieurement à la fondation de l'école d'Alexandrie.

Les collaborateurs et les successeurs d'Ammonius Saccas ne furent pas simplement, comme le déclare M. Barthélemy Saint-Hilaire, les derniers représentants de l'esprit grec, mais ils eurent à recueillir un héritage beaucoup plus lourd car ils furent les continuateurs des anciens sages d'Egypte.

Certes il est indiscutable que « c'est d'eux que la philosophie de la Grèce a reçu cette forme suprême, sans laquelle son développement total eût été incomplet et mutilé » (1) ; mais ce résultat ne fut que la conséquence de l'effort qu'ils firent pour reconstituer une synthèse philosophique et religieuse, et pour restaurer la doctrine qui avait été enseignée dans les temples de Memphis et de Thèbes.

Les Pythagoriciens, les Esséniens, les Mythriaques, tous ceux enfin dont les premiers maîtres, à l'exemple de Pythagore et de Moïse, avaient su parcourir les plus hauts degrés de l'initiation Egyptienne, se réunirent pour restaurer l'ancienne doctrine Hermétique (2).

Ils apportaient les lumières qu'ils avaient reçues des fondateurs de leurs Ordres, et qu'ils avaient fidèlement conservées, permettant ainsi à la nou-

1. Barthélémy Saint-Hilaire. *De l'école d'Alexandrie.* Paris, 1845.
2. Cf. Fabre d'Olivet. *Les vers dorés de Pythagore.* Paris, 1813.

velle école de suppléer à la disparition des anciens centres initiatiques.

Sans entrer dans de grands détails, nous rappellerons, pour faire ressortir tout l'intérêt qu'offre cette transmission, qu'indépendamment de sa civilisation intense, l'Egypte avait atteint en la personne des membres de son sacerdoce le plus haut degré d'évolution intellectuelle.

La doctrine philosophique et religieuse que l'on enseignait dans ses temples était tellement sublime qu'elle était considérée comme d'origine divine et que les plus grands hommes de tous les pays bravaient tous les dangers et toutes les épreuves initiatiques pour en acquérir la connaissance.

Aussi n'est-il pas surprenant que les Alexandrins aient fait tous leurs efforts pour empêcher la disparition d'un enseignement aussi transcendant, et devons-nous leur garder une profonde reconnaissance d'avoir réussi à reconstituer et à conserver un dépôt aussi précieux qui sans leur intervention eût été totalement perdu pour notre civilisation occidentale (1).

Mais on peut se demander si les philosophes de l'Ecole d'Alexandrie réussirent à rétablir intégralement la doctrine Hermétique, et si d'autre part cette doctrine a pu se transmettre jusqu'à nous.

---

1. Cf. Jacques Matter. *Essai historique sur l'école d'Alexandrie*. Paris, 1820 (Tome premier).

C'est une question à laquelle il est bien difficile de répondre, et nous ferons observer que la plupart des occultistes modernes qui ont conclu pour l'affirmative ne possédaient aucune certitude à ce sujet s'étant contentés simplement de prendre leurs espérances pour une réalité. Nous essayerons cependant de fournir quelques indications à ce sujet, et nous ferons remarquer tout d'abord que la doctrine en question comprenait une *partie exotérique* et une *partie ésotérique* qui vraisemblablement eurent un sort très différent.

La première, qui était littérale et symbolique, envisageait uniquement la lettre de la doctrine et les formes extérieures des symboles. Sa transmission pouvait s'effectuer oralement ou par l'écriture, et il suffisait que les Egyptiens aient laissé quelques monuments relatifs à cette partie de leur doctrine pour que sa conservation fût assurée.

La seconde, au contraire, était essentiellement personnelle et consistait en une interprétation progressive des symboles. Elle constituait la doctrine secrète par excellence, qu'il fallait acquérir par son propre effort, et résidait en une série hiérarchique de points de vue, dont la conservation est subordonnée à l'existence d'intelligences humaines capables de les embrasser (1).

1. « Accepte ce que tu *vois*, disait plus tard Ibn Roschd, et laisse ce que tu as *entendu* ; lorsque le Soleil se lève, il te dispense de contempler Saturne. »
Pocoke. *Philos. autodidactus*, proœm., p. 19.

Ces deux parties de la doctrine correspondaient, d'ailleurs, aux deux méthodes suivant lesquelles on peut acquérir la science d'après les Alexandrins :

L'enseignement (*mathesis*) et la recherche personnelle (*euresis*).

Suivant eux, la dernière est de beaucoup supérieure, mais cependant avant de chercher à acquérir la science par son propre effort, il est nécessaire d'avoir été préparé par l'enseignement, c'est-à-dire d'être parvenu à la connaissance de toute la partie de la doctrine qui est susceptible de transmission.

Or l'intervention, sinon l'existence d'une fraternité initiatique qui, à l'exemple de la hiérarchie sacerdotale des Egyptiens, aurait possédé et posséderait encore la doctrine ésotérique et secrète de l'ancienne Philosophie Hermétique, est très problématique ; mais en revanche le symbolisme religieux et philosophique renferme tous les éléments de la doctrine exotérique.

Après l'école d'Alexandrie, les Gnostiques, les Manichéens, les Templiers, et enfin les Francs-Maçons, se sont transmis successivement ces formes extérieures de la doctrine en même temps que des membres de ces fraternités s'élevaient, par leur propre génie, à une connaissance plus ou moins complète de son ésotérisme, mais il n'apparaît point qu'ils aient réussi à réaliser une succession régulière d'initiés qui soit comparable à l'antique hiérarchie sacerdotale.

Ce fait, que l'on retrouve les formes extérieures de la doctrine Hermétique, soit dans des systèmes religieux, soit dans des sociétés initiatiques comme la Franc-Maçonnerie, c'est-à-dire dans des milieux que le profane considère comme très opposés, nous amène à examiner le rapport qui peut exister entre le symbole religieux et le symbole philosophique.

Or il est certain qu'ils ont une commune origine et sont identiques ; ils se distinguent uniquement par l'emploi qui en est fait.

Le symbole religieux s'impose à la croyance et nécessite simplement un acte de foi.

« Les religions antiques, et celle des Egyptiens surtout, dit Fabre d'Olivet, étaient pleines de mystères. Une foule d'images et de symboles en composaient le tissu : admirable tissu ! ouvrage sacré d'une suite non interrompue d'hommes divins, qui, lisant tour à tour, et dans le livre de la Nature et dans celui de la Divinité, en traduisaient en langage humain, le langage ineffable. Ceux dont le regard stupide, se fixant sur ces images, sur ces symboles, sur ces allégories saintes, ne voyaient rien au delà, croupissaient, il est vrai, dans l'ignorance ; mais leur ignorance était volontaire » (1).

1. Fabre d'Olivet. *La langue hébraïque restituée*. Paris, 1815.

Au point de vue philosophique, au contraire, l'activité intellectuelle s'exerce sur le symbole et s'efforce de substituer une notion de plus en plus rationnelle à la croyance aveugle ; puis, en mode contemplatif, l'intuition spirituelle s'en empare et l'utilise comme point d'appui.

M. l'abbé Lacuria, qui fut d'ailleurs à cette occasion quelque peu renié par ses confrères, s'est efforcé, dans ses *Harmonies de l'Etre*, de ramener les esprits à une conception des symboles moins étroite et plus conforme à l'Hermétisme : « Il en est de même pour la vérité, dit-il, nous commençons à la posséder par la foi, mais cette *possession aveugle* n'est point parfaite et ne peut toujours nous suffire, nous devons tendre sans cesse à la posséder par la science, c'est-à-dire à la comprendre distinctement, à en avoir la vision intellectuelle » (1).

Et il démontre comment le symbolisme, celui des nombres en particulier, peut aider à réaliser une synthèse universelle si on l'utilise comme médiateur pour établir un rapport entre l'absolu et le relatif, l'esprit et la matière, les idées et les faits.

Dans ses *Etudes sur la Mathèse*, Jean Malfatti de Montereggio considère plutôt les avantages que l'intuition peut retirer de l'emploi du symbole : « Un tel organon, dit-il, ne pouvait être

---

1. Lacuria. *Les Harmonies de l'être exprimées par les nombres.* Paris, 1847.

saisi ni par la parole, ni par l'écriture, mais seulement au moyen d'un hiéroglyphe et de chiffres symboliques, car il fallait que l'intuition spirituelle qu'on trouvait en lui fût perçue dans le plus court espace de temps, et aussi que les apparitions physiques obtenues par des efforts soutenus eussent lieu dans le moins d'étendue possible.

« Ainsi seulement il était possible de saisir, dans un acte pressant de la pensée et sous un coup d'œil étendu, l'unité dans la diversité, la substance dans la forme, l'action dans la fonction, bref, la vie générale dans la vie particulière, et *vice-versâ* » (1).

C'est ainsi que les sociétés initiatiques, qui ont eu la prétention de restaurer la véritable philosophie hermétique ou synthétisme transcendental, ont attribué au symbole sa valeur intégrale alors que le catholicisme, par exemple, négligeant l'esprit n'en a conservé que la lettre.

Chez les uns et les autres, le symbole, considéré dans son origine et dans son apparence, est demeuré dogme et mystère, mais les adeptes de l'Hermétisme n'ont pas oublié que, si déraisonnable qu'il paraisse, l'intelligence n'est pas incapable de le comprendre.

D'une manière générale les esprits pour qui le

1. Jean Malfatti de Montereggio. *Études sur la Mathèse, ou anarchie et hiérarchie de la science.* Paris, 1849.

« *credo quia absurdum* » de Tertullien demeure une énigme, reprochent précisément au symbole, au nom de la raison, son incompréhensibilité et son absurdité apparente.

Mais nous ferons observer que si on se place au point de vue rationnel, il existe un ensemble de problèmes philosophiques dont la thèse et l'antithèse nous paraissent aussi absurdes l'une que l'autre et dont la solution implique toujours une contradiction.

A ce propos nous renverrons le lecteur aux célèbres antinomies de Kant, qui surgissent dès que l'on essaye de résoudre les problèmes fondamentaux d'une cosmologie rationnelle (1).

En l'occurrence se manifeste une certaine impuissance de la raison qui n'avait pas échappé à Pascal lorsqu'il déclarait que : « La dernière démarche de la raison est de reconnaître qu'il y a une infinité de choses qui la dépassent ».

Non seulement le mystère existe, quoi qu'en ait dit quelque trop zélé admirateur de la science moderne, mais toutes les solutions qu'on peut en dégager sont, au point de vue rationnel, aussi inacceptables les unes que les autres.

La difficulté réside dans la conciliation des contraires après qu'il a été reconnu que cette con-

1. Ces problèmes fondamentaux sont au nombre de quatre, et chacun d'eux peut se résoudre de deux façons opposées.

ciliation s'impose, et que, suivant l'expression symbolique des Francs-Maçons, il est nécessaire de s'appuyer sur les deux colonnes du temple.

Or le symbole est le moyen auquel il convient de recourir pour résoudre cette difficulté.

Il indique sous quelle forme le mystère doit être accepté et en cela il fournit une solution immédiate et exotérique.

Il détermine enfin dans quelles conditions et sous quelles réserves il convient de rechercher la solution du problème qu'il renferme et de pénétrer son ésotérisme. Et si le lecteur a parfaitement saisi l'emploi que respectivement Lacuria et Montereggio prétendent en faire, il verra qu'on peut très judicieusement lui appliquer ce que Fabre d'Olivet disait du Vao hébraïque : « Image du nœud qui réunit ou du point qui sépare le néant et l'être, signe convertible universel qui fait passer d'une nature à l'autre » (1).

C'est pour ne pas avoir compris la nature et la fonction du symbole que la plupart des critiques n'ont pas su apprécier le caractère synthétiste de la philosophie hermétique et l'ont confondue avec les systèmes éclectistes.

M. Jules Simon n'a pas hésité à juger ainsi la doctrine des philosophes alexandrins, et pourtant

---

1. Fabre d'Olivet. *La langue hébraïque restituée.* Paris, 1815 (*Vocabulaire radical*).

on ne saurait l'accuser de n'avoir point su apprécier leurs intentions : « Pour ces esprits, dit-il, dont l'unique soin était de tout découvrir et de tout comprendre, les différences ne furent que des malentendus ; il n'y avait plus de sectes : toutes ces querelles entreprises pour maintenir la séparation entre les dogmes de diverses origines ne semblaient qu'une preuve d'ignorance, des préjugés étroits, l'absence même de philosophie. Au fond, le genre humain n'a qu'une doctrine moitié révélée, moitié découverte, que chacun traduit dans sa langue particulière et revêt des formes spéciales qui conviennent à son imagination et à ses besoins : celui-là est le sage qui découvre la même pensée sous des dialectes divers, et qui, réunissant à la fois la sagesse de tous les peuples, n'appartient à aucun peuple, mais à tous, qui se fait initier à tous les mystères, entre dans toutes les écoles, emploie toutes les méthodes, pour retrouver en toutes choses, par l'initiation, par l'histoire, par la poésie par la logique, le même fonds de vérités éternelles » (1).

L'œuvre des philosophes qui plus tard pratiquèrent l'Hermétisme a été également méconnue, et les Paracelse, Cornelius Agrippa, Valentin Weigel, Robert Fludd, Jacob Boehm, Van Hel-

---

1. Ce passage est emprunté au *Dictionnaire* de Franck, mais on pourra consulter aussi l'*Histoire de l'école d'Alexandrie*, de Jules Simon (2 vol. in-8°. Paris, 1845).

mont, etc., tous ceux enfin que le dictionnaire de M. Franck désigne sous le nom de Théosophes, sont restés incompris : « A vrai dire, les Théosophes ne sont qu'une école de philosophes qui ont voulu mêler ensemble l'enthousiasme et l'observation de la nature, la tradition et le raisonnement, l'alchimie et la théologie, la métaphysique et la médecine, revêtant le tout d'une forme mystique et inspirée ».

Or ces philosophes, à qui l'on veut attribuer une sorte d'éclectisme ou plutôt de synchrétisme plus ou moins incohérent, avaient su découvrir les éléments d'une véritable synthèse du savoir humain, et si les auteurs qui les ont étudiés n'ont pas réussi à leur rendre justice, c'est qu'ils ont méconnu l'importance primordiale des symboles dont ils faisaient usage.

Mais il nous est impossible de prolonger davantage cette digression déjà trop étendue. Elle était nécessaire cependant, sinon pour établir des notions exactes et définitives du symbolisme, ce qu'on ne saurait faire aussi brièvement, du moins pour attirer l'attention sur cette partie essentielle de la Philosophie Hermétique.

Il nous reste maintenant, avant de présenter les enseignements de l'Hermétisme strictement relatifs au sujet qui nous occupe, à résumer ses conceptions générales sur l'Univers, sur la hiérarchie des causes dont il dérive et en particulier sur l'agent immédiat de son organisation, la Nature,

DEUXIÈME PARTIE

Notions générales sur la hiérarchie des causes et sur la physiologie de l'Univers. — Principe formel et principe matériel. — Le médiateur universel.

La Philosophie Hermétique considère l'Univers ou macrocosme comme un être présentant une constitution identique à celle de l'homme ou microcosme, et enseigne qu'il est composé d'une intelligence, d'une âme et d'un corps.

Or dans le cas qui nous occupe nous avons à considérer exclusivement la physiologie de cet être, mais il est indispensable cependant d'acquérir au préalable une idée générale de la cause première et de discerner la hiérarchie des causes qui en dérivent :

« La Physiologie, dit M. Berger (1), strictement considérée dans le point de vue qui lui est propre, ne renferme que trois éléments : la *matière* ; les *idées* engagées dans la matière ; la *force générale* qui façonne la matière à l'image des idées. Mais il est évident que la science physiologique est incomplète, si elle ne comprend que les agents secon-

1. Berger. *Proclus. Exposition de sa doctrine.* Paris, 1840, p. 51.

daires de l'organisation du monde, et si elle ne nous montre au-dessus de lui sa cause efficiente, son paradigme et sa cause finale ».

Ceci nous amène à dire quelques mots de la *Théorie des intelligibles* ou *Théologie* qui précède la *Théorie des cosmiques* ou *Physiologie* et à faire mention des trois hypostases.

Suivant Plotin les trois hypostases sont les trois principes divins qui de tout temps sont émanés l'un de l'autre (1).

1° Le premier principe s'appelle le *Bien*, le *Premier*.

Tout en dépend, tout y aspire, tout en tient l'existence, la vie et la pensée. Il s'appelle aussi l'Un, le Simple, l'Absolu, l'Infini, qui a manifesté sa puissance en produisant les êtres intelligibles.

2° Le second principe est l'Intelligence qui embrasse dans son universalité toutes les intelligences particulières. En se pensant elle-même l'Intelligence possède toutes choses ; en elle le sujet pensant, l'objet pensé et la pensée elle-même sont identiques.

Les Idées sont les formes pures, types de tout ce qui existe dans le monde sensible. Elles composent le monde intelligible.

3° Le troisième principe est l'Ame universelle,

1. Cf. Plotin. *Les Ennéades*. Traduction de Bouillet, Paris, 1857. 3 vol. in-8.
Daunas. *Etudes sur le mysticisme. Plotin et sa doctrine*, in-8°, Paris, 1848.

où l'Ame du monde dont procèdent toutes les âmes particulières.

Il y a en elle deux parties : la puissance supérieure de l'Ame, qui contemple l'Intelligence et qui en reçoit les Formes (1) ; la puissance inférieure de l'Ame, appelée aussi Puissance naturelle et génératrice, Raison totale de l'Univers, parce qu'elle transmet à la matière les Raisons séminales qui façonnent et forment les êtres (2).

L'Ame, qui est intermédiaire entre le monde intelligible et celui de la génération, est soumise à deux lois de nature différente. Proportionnellement à son intimité accidentelle avec la matière elle obéit à une loi constante, immuable et inflexi-

1. L'âme du monde, dit Maxvell, possède en elle les *Raisons* séminales de toutes choses et ces *Raisons* proviennent de la splendeur des *Idées* du *Premier Intellect*.

A. de Rochas. *Les théories de Maxvell*. L'Initiation, octobre 1892.

2. « Ruach Elohim, dit Kunrath, est l'Esprit, le Souffle Saint, la respiration de Ihoah..., où sont les Formes (Idées); c'est-à-dire les Exemplaires, les Espèces, les Raisons séminales primordiales et radicales, les volontés opératrices, et les causes efficientes de toutes choses, qui, conçues et préexistantes dans l'Intelligence de l'Archétype et Artisan suprême (Hochmah, la Sagesse, les produisant dans sa bonté), doivent être ensuite produites et accomplies à l'avenir dans le monde... Ruach Elohim est la forme interne, essentielle, de toutes choses ; l'Ame universelle du monde ;... »

Henri Kunrath. *Amphithéâtre de l'Eternelle Sapience*. Paris, 1900, p. 158.

ble qu'on appelle la Fatalité ; mais quand elle agit dans le sens de sa propre nature elle n'est soumise qu'à la Providence.

Mais il est inutile de prolonger plus longtemps cette incursion dans le domaine de la *Théologie*.

En effet, nous sommes en mesure désormais de déterminer quelle place occupe dans l'Univers cet agent secondaire de son organisation que les alchimistes désignent sous le nom de *Nature*.

Platon considérait la *Nature* comme la force intermédiaire entre *l'Ame* et le *Corps*, comme la cause immédiate qui produit, conserve et dirige les êtres sensibles.

Suivant M. Vacherot, les Alexandrins, dont le témoignage est précieux lorsqu'il s'agit de fixer certains points obscurs de la doctrine alchimique, professaient la même opinion que l'auteur du Timée : « Après l'âme, dit-il, le premier être que la science rencontre est la Nature.... La science de la Nature, la physiologie, est la suite nécessaire de la théologie. En effet, la Nature, si on la rattache à ses causes, c'est Dieu, l'Intelligence, l'Ame, sortant des profondeurs de leur essence et se réalisant extérieurement par la vie, la forme, le mouvement et l'étendue; c'est le monde intelligible devenant le monde sensible et se manifestant successivement par toutes ses puissances dans l'ordre même de leur dignité et de leur importance » (1).

1. Vacherot. *Hist. crit. de l'école d'Alexandrie*. T. II, p. 390.

Dans son exposition de la doctrine de Proclus M. Berger attribue à ce philosophe une opinion identique : « Les Idées, qui sont unités intellectuelles, ne s'appliquent point directement à la Matière, mais leurs vertus sont recueillies par une *force incorporelle* qui les transmet aux corps. Cette puissance est, comme nous l'avons dit, la Nature (1). »

De son côté M. Munk a parfaitement observé que les Arabes considèrent la Nature comme une substance simple et comme la dernière des hypostases dans toutes les compilations qu'ils ont faites des philosophes Alexandrins.

Enfin le philosophe juif Ibn Gebirol, dont la doctrine s'inspire visiblement de celle des Néo-Platoniciens, établit une distinction très nette entre l'Ame universelle et la Nature qu'il considère comme étant intermédiaire entre les Intelligibles et le monde de la corporéité : « Les substances simples ou les émanations intermédiaires entre l'agent premier, ou Dieu, et le monde de la corporéité, sont au nombre de trois, savoir : l'*Intellect universel*, l'*Ame universelle* et la *Nature* ou la force directement en rapport avec le monde de la corporéité, qu'elle produit et qu'elle gouverne (2) ».

1. A. Berger. *Proclus. Exp. de sa doctrine*, p. 108.
2. Munck. *Mélanges de philosophie juive et arabe*, p. 199. Paris, 1859.

Il paraît donc bien évident que la Nature se distingue de l'Ame universelle, qu'elle lui succède immédiatement dans la hiérarchie des causes qui gouvernent l'Univers sensible, et que, intermédiaire par sa substance entre le monde intelligible et le monde sensible, elle s'identifie avec cet agent spécial que les Philosophes Hermétistes nomment l'*Esprit du monde* ou *Éther*.

En effet, suivant Agrippa et Robert Fludd, l'*Esprit du monde* ou *Éther* répond exactement à la définition que nous avons donnée de la *Nature* d'après Platon et les Alexandrins. C'est une substance moyenne, un médiateur qui sert à unir l'Ame et le Corps de l'univers (1).

1. Suivant H. Kunrath, entre Ruach Elohim et le chaos existe un intermédiaire : « C'est vraiment l'opinion et le *consensus* unanimes de tous les philosophants que les extrêmes ne peuvent se conjoindre, s'unir et copuler sans un médiateur leur convenant ». Ce médiateur est le ciel qui est : « L'Esprit Æthéréen corporel ou le corps Æthéréen spirituel ». *H. Kunrath. Amphithéâtre de l'Eternelle Sapience*. Paris, 1900, p. 159.

« La Pierre des Philosophes, dit-il ailleurs, est *Ruach Elohim*, conçu par la *médiation* du ciel et fait corps, vrai et tombant sous les sens, dans l'utérus virginal du monde majeur primogénéré ou du *chaos créé*, c'est-à-dire la terre, vide et inane, et l'eau ». *H. Kunrath. Amphithéâtre de l'Eternelle Sapience*. Paris, 1900, p. 156 (Trad. de la *Bibliothèque Rosicrucienne* publiée par l'Ordre de Misraïm).

Mais il ne faut pas oublier que l'*Esprit du monde*, en tant qu'agent secondaire de l'organisation de l'univers, est subordonné à la Puissance naturelle et génératrice de l'*Ame universelle* qui renferme les Raisons séminales de toutes choses.

La Nature c'est l'Esprit du monde déjà pénétré de la vertu des Idées, et l'on conçoit que les alchimistes, dans les définitions qu'ils nous en ont données, l'aient un peu confondue avec la partie inférieure de l'Ame de l'Univers :

« Je dis donc, déclare le « Cosmopolite », que la Nature est une, vraie, simple, entière en son être ; Dieu l'a constituée devant tous les siècles et lui a enclos un certain *Esprit universel*. Il faut noter néanmoins que le terme de la Nature est Dieu, comme il en est le principe, car toute chose finit en ce en quoi elle a pris son être et son commencement » (1).

Plus exactement il ajoute ailleurs : « La Nature est invisible bien qu'elle agisse visiblement ; c'est un *esprit volatil* qui remplit son office dans les corps et qui possède son lieu et son siège dans la volonté divine » (2).

N'est-ce point exactement ce que Proclus nous donne à entendre, lorsqu'il déclare que la Nature

---

1. *Cosmopolite ou nouvelle lumière chimique.* Paris, 1669, p. 5.
2. Cf. id., p. 6.

tient à l'Ame par son essence et au Corps par son action.

Avant d'aller plus loin dans l'étude de la Physiologie de l'Univers, il est indispensable que nous cherchions à connaître plus intimement les différents éléments qu'elle comporte.

Ils sont, avons-nous dit, au nombre de trois.

1° Les Idées ;

2° La Matière ;

3° La force générale qui façonne la Matière à l'image des Idées.

Les *Idées*, exemplaires primitifs de tous les êtres, furent engendrées, suivant Platon, du commerce ineffable et mystérieux de l'*Un* et de la *Dyade*.

« Un premier commerce de l'*Un* et de la *Dyade* produit les Idées. Une nouvelle intervention de la Dyade, s'introduisant, non plus dans l'Unité absolue, mais dans les Idées, produit les choses sensibles » (1).

D'après l'auteur des *Harmonies de l'Etre*, les Idées résultent de l'union à différents degrés de l'*Idée de l'Etre* et de l'*Idée du Non-Etre* et constituent les types de toutes les créatures (2).

Si haut, dit-il, que l'on s'élève dans la conception

---

1. A. Franck. *Dictionnaire des sciences philosophiques.* Paris, 1885 (art. *Matière*).

2. Lacuria. *Les harmonies de l'Etre exprimées par les nombres.* Paris, 1847.

de l'Idée du Moi, on arrive à cette conclusion que cette Idée entraîne l'existence de celle du Non-Moi. Pour penser le *moi* il est nécessaire de le distinguer du *non-moi*.

Dieu se connaît, et pour cela, de toute éternité, il se distingue, lui qui est l'Etre infini, de tout ce qui n'est pas, c'est-à-dire du *Néant* et du *Non-Etre*.

Cette notion du *Non-Etre*, sert de point de départ à toute la création.

Jusque-là non seulement la Trinité était conciliable avec l'unité, mais encore elle lui était nécessairement identique.

Dès que l'Intelligence divine a pensé ce qui n'est pas l'Etre infini, immédiatement, au contraire, se produit la sortie de l'unité.

En effet cette grande distinction de l'Etre et du Non-Etre renferme toutes les distinctions possibles.

Dieu perçoit la distance qui sépare l'*Etre* du *Néant* et conçoit tous les degrés intermédiaires.

La notion du *Non-Etre* implique ainsi celle du *moindre être*, et alors sont engendrés dans la pensée divine les types de toutes les créatures.

Après la *distinction* le *nombre* a pris naissance.

Telle est, esquissée dans ses grandes lignes, la génération des Idées, il nous reste maintenant à examiner leur développement.

Après avoir envisagé l'origine des Idées comme

Puissances créatrices de l'Intelligence demiurgique, nous devons étudier brièvement leurs manifestations successives dans l'*Ame*, dans la *Nature* et dans la *Matière*.

Platon distinguait trois sortes d'Idées :

Les *Idées essences*, de nature divine.

Les *Idées genres*, de nature logique et mathématique.

Les *Idées physiques*, essences des choses sensibles et individuelles.

Reprise par Proclus, cette classification, qui marque en quelque sorte une *involution* du Principe Formel et actif, a été enrichie d'un quatrième degré qui l'identifie complètement au système des Philosophes Hermétistes, d'Agrippa en particulier (1).

De l'*Idée divine*, intelligible ou intellectuelle, émanent : l'*Idée psychique*, qui est raison et verbe, et, qui correspond à la *Raison séminale* ; l'*Idée naturelle*, qui est activité vivante et que nous connaissons sous le nom de *Semence* ; et enfin l'*Idée sensible* que l'auteur de la Philosophie occulte qualifie de *limite* et *ombre*. Les Idées sensibles sont le dernier reflet des Idées divines, et la Matière, dont elles sont inséparables, leur com-

---

1. H. C. Agrippa. *De occulta philosophia.* Paris, 1533; Lib. I, Cap. XI.

munique son indétermination et son existence douteuse.

Mais quelle conception devons-nous avoir de cette Matière que nous avons opposée aux Idées ?

Le disciple de Socrate s'est toujours efforcé de diminuer et d'atténuer la réalité de la Matière sans toutefois la détruire complètement. Il la considère comme la mère de toute chose sensible et déclare même qu'elle est moins que la mère mais simplement la nourrice de la génération. C'est au point que parfois elle semble réduite à l'état de récipient pur et simple, à l'espace vide, au lieu où s'effectue la génération.

Suivant Proclus la Matière en elle-même n'est que ténèbres, indétermination et vrai mensonge, mais elle est la base nécessaire de tout phénomène, le réceptacle de toute génération et le sujet universel.

C'est, dit M. Lacuria, la réalisation de l'Idée du Non-Etre, mais cette idée en perdant l'unité et l'infinité que lui communiquait son embrassement avec l'Idée de l'Etre, dans la pensée divine, devient divisible et finie, et produit quelque chose qui est la négation, le contraire des attributs de l'Etre ou de Dieu.

Ces attributs étant l'unité, l'activité et la lumière, cette manifestation sera divisible, inerte, impénétrable et obscure. Tels sont en effet les caractères de la Matière pure qu'il ne faut pas confondre avec les corps matériels qui résultent de son union avec l'Ether.

Ainsi conçue la Matière est le contraire de l'Etre mais elle suppose l'Etre comme la quantité — 1 n'est pas l'unité, mais suppose l'unité.

Elle exclut la substance, mais néanmoins elle ne peut exister que par elle.

Elle en est le vide, non le vide réel, car la substance ne peut défaillir, mais le vide phénoménique.

« Rien, dit l'auteur des *Harmonies de l'Etre*, ne peut nous donner une idée de cette matière négative abandonnée à elle-même que le *tohu bohu* de la genèse, ce chaos primitif, où il n'y avait que dissolution, division, inertie et forme ténébreuse.

Que l'on étudie les Kabbalistes, les Philosophes Hermétistes, Robert Fludd en particulier (1), tous ceux enfin qui par l'école d'Alexandrie se rattachent à la Philosophie Hermétique, et on verra que leur opinion à ce sujet est absolument invariable.

« Deux principes des choses, dit d'Espagnet, furent créés au commencement, l'un lumineux et très voisin de la nature spirituelle, l'autre corporel et ténébreux; l'un principe du mouvement, de la lumière et de la chaleur; l'autre principe de

---

1. *Utriusque cosmi metaphysica, physica atque technica historia*, Oppenheim, 1617. *Philosophia mosaica*, etc., Gouda, 1638. Sect. I, liv. III et IV.

l'inertie, de l'opacité et du froid ; celui-ci actif et masculin, celui-là passif et féminin ; c'est au premier qu'il faut attribuer le mouvement générateur dans le monde élémentaire, et par conséquent la vie ; c'est au second qu'il faut rattacher la tendance à la corruption et la mort (1) ».

Suivant l'auteur de la *Philosophia mosaïca* : « Le premier de ces deux principes, plus particulièrement représenté par la Lumière, c'est Dieu se concentrant sur lui-même pour se répandre ensuite dans l'univers sous des formes infiniment variées ; le second, particulièrement représenté par les ténèbres, c'est le vide, c'est la négation, c'est la simple possibilité que Dieu laisse hors de lui par cette concentration de sa substance, ou l'exercice actuel de sa volonté, et tous ces caractères réunis ne sont pas autre chose que la *matière à son premier état*, avant qu'elle ait reçu l'*action de sa lumière*, le *vacuum* et *inane* de l'Ecriture Sainte (2) ».

Telle est la *Matière* qu'au point de vue physiologique nous avons opposé aux Idées prises comme causes et paradigmes.

Mais après avoir esquissé l'involution générale des Idées, nous avons fait observer que la Force générale, qui remplit la fonction de médiateur entre

---

1. *Enchiridion physicæ restitutæ*. Col. allobrog. 1673, p. 16.
2. A. Franck. *Dictionnaire des sciences philosophiques*. Paris, 1885 (art. *Robert Fludd*).

les Idées et la matière, et que nous avons appelée l'Esprit du monde ou Éther, recueillait, d'une part, les vertus des Idées, et constituait alors, au point de vue universel, ce que nous appelons la *Nature*.

Il nous reste maintenant à montrer d'autre part, l'activité de cette *force générale* s'exerçant sur la matière pour l'amener à un deuxième état que nous allons étudier.

Ce deuxième état, que la plupart des alchimistes désignent sous le nom de *chaos* et qui est caractérisé par la *confusion des éléments*, résulte d'une première union, d'un premier embrassement des deux Principes.

L'anonyme de la *Lettre Philosophique* est très explicite à ce sujet, aussi n'hésiterons-nous pas à citer *in extenso* le passage fort curieux, où il expose comment il faut considérer ce deuxième état de la matière (1) :

« Il y a trois choses à observer, dit-il, dans ce

---

1. Antoine Duval. *Lettre philosophique*. Paris, 1671.
Duval n'est que le traducteur de cette lettre dont l'auteur demeure inconnu.

M. Gaboriau, dans le *Lotus rouge* (décembre 1888) a cru devoir l'attribuer au Cosmopolite, et il suivait en cela le *Catalogue de la bibliothèque Ouvaroff de Moscou* et le *Dictionnaire des ouvrages anonymes* de Barbier.

Mais cette opinion est peu vraisemblable, car il suffit de comparer la *Lettre philosophique* avec les traités que nous a laissé le Cosmopolite pour reconnaître qu'elle ne saurait avoir la même origine.

chaos : 1° L'Eau première et informe ; 2° le Feu vivifiant dont l'Eau a été agitée ; 3° la façon dont les êtres particuliers ont été produits de ce chaos ou être général. Cette eau informe et imparfaite était incapable, *sans le feu* vivifiant, de produire quoi que ce soit. Elle était avant l'eau élémentaire et contenait le corps et l'esprit qui conspiraient ensemble à la procréation des corps subtils et grossiers. Cette eau première était froide, humide, crasse, impure et ténébreuse, et tenait dans la création le lieu de la femelle, de même que le feu, dont les étincelles innombrables comme des mâles différents, contenait autant de teintures propres à la procréation des créatures particulières. Ce feu qui a devancé l'élémentaire, a vivifié tout ce qui est produit du chaos. C'est celui de la Nature, ou pour mieux dire l'Esprit de l'Univers subtilement diffus dedans cette eau première et informe. »

Interrogeons maintenant les ouvrages d'un Hermétiste moderne, M. Barlet, et nous y retrouverons sous une forme plus philosophique la même opinion.

« Le premier produit de la pénétration du néant, est cette matière primitive que Crookes admet sous le nom de *Protyle*, et que le professeur Leray nous explique bien plus nettement. Elle se compose d'une infinité d'atomes extrêmement petits dont chacun est une force, une monade à sphère d'action infiniment limitée et mobile, omni-présente dans cette sphère parce qu'elle s'y meut comme l'Activité Suprême dans l'Espace, avec une vitesse infinie. Chacun de ces atomes se déplace avec une vitesse extrême, en un sens quelconque, sans loi, sans orbe définie, se heurtant à tous les autres. C'est la substance chaotique inerte, affolée pour ainsi dire par l'activité du Principe essentiel dont elle s'est emparée, absolument incapable de le diriger et de l'utiliser » (1).

Dans son *Essai de chimie synthétique*, après avoir commenté les travaux de Crookes et de Leray, le même auteur ajoute : « On voit en tous cas comment ces savants auteurs, et l'on en pourrait nommer d'autres, comme le physicien Tait, s'accordent pour reconnaître l'existence à un certain moment cosmogonique d'une masse tumultueuse, active, féconde par la présence de deux principes, d'où naît un monde ; ce milieu, *Chaos* des anciens, *protyle* de Crookes, mélange d'*Ether* et d'*Eon* de Leray, les Alchimistes le nommaient *Lumière astrale*, nom bien remarquable si l'on observe que, dans le spectre solaire, la lumière, qui est la partie centrale, comprend aussi, dans toute son étendue, des rayons chimiques et calorifiques. *C'est là que se forment pour eux les quatre éléments, sous l'influence de la quintessence* qui n'est autre chose que l'Eon pénétrant, l'Ether ou substance » (2).

1. Barlet. *Les génies planétaires*. L'Initiation.
2. Barlet. *Essai de chimie synthétique*. L'Initiation, octobre 1892.

Ainsi l'intervention de l'Ether ou Esprit universel, a eu pour résultat de mettre en présence deux nouveaux facteurs la *Nature* et le *Chaos*.

Sous l'influence de la Nature, c'est-à-dire de l'Ether possédant une certaine intelligence en raison de ses relations avec les Idées, les Eléments se forment au sein du chaos et acquièrent un mouvement circulaire de transmutation dont nous nous occuperons ultérieurement.

Nous ferons observer incidemment que les Alchimistes semblent placer en cet endroit la création du *Temps* et de *l'Espace*.

Du moins, à leur avis, l'action de la Nature sur le Chaos, a pour résultat de constituer la corporéité et de créer le mouvement (1).

Les Eléments dont nous venons d'examiner brièvement la genèse ce sont les Eléments en général, ceux dont la réunion forme le corps du monde, de même que sous le nom de Nature nous avons envisagé dans son universalité l'Esprit éthéré remplissant les fonctions de médiateur entre l'Ame et le Corps de l'Univers.

Considérés à ce point de vue les Eléments et l'Esprit universel sont parfaits, ce qui revient à dire avec les Alexandrins que l'Univers dans son ensemble ne présente aucune imperfection.

Mais si de l'Univers nous passons aux êtres par-

---

1. On consultera utilement à ce sujet Ibn-Roschd. *IV. Phys., fol. 82 et sqq.* (Ed. des Juntes, 1553).

.ticuliers qui le composent, il n'en est plus de même.

L'étendue considérée comme le lieu des corps admet la distinction. Ses diverses parties, et les êtres particuliers qui les occupent, possèdent des capacités différentes, et chacune communique avec Dieu, c'est-à-dire participe à l'harmonie générale proportionnellement à l'excellence de sa nature.

Sans entrer dans des détails qui appartiennent à l'Astrologie, et par conséquent sans examiner comment, pour des raisons de temps et de lieu, les êtres d'une même espèce se différencient dans leurs rapports avec l'Universel et se particularisent, nous pouvons cependant étudier la nature de ces variations.

Elles sont de deux sortes, car elles se manifestent soit dans les *qualités occultes,* soit dans les *qualités élémentaires.*

Agrippa donne le nom de qualités occultes aux qualités que le mixte acquiert, de la vertu des Idées par l'intermédiaire de l'Esprit Ethéré

Les qualités élémentaires sont les vertus naturelles qui proviennent des Eléments.

Or le même Agrippa nous apprend que les vertus occultes des choses proviennent des Idées mais par l'intermédiaire des raisons séminales et *avec le concours des radiations stellaires* (1).

1. *Platon*, dit-il, attribue ces vertus aux Idées, *Avicenne* aux Intelligences, *Hermès* aux étoiles, *Albert* aux formes spécifiques des choses, mais pour peu qu'on y réfléchisse on

D'autre part il ajoute que pour chaque espèce il existe des configurations célestes particulières, c'est-à-dire des radiations déterminées, dont le concours est indispensable pour la parfaite transmission de ces vertus et ces qualités.

Ce qui revient à dire qu'à un point de vue particulier l'Ether, dont la nature se modifie continuellement, dont l'état vibratoire se transforme parallèlement aux mouvements des astres, ne manifeste pas toujours la même aptitude à servir d'intermédiaire dans la génération d'un Mixte appartenant à une espèce déterminée.

Il s'en suit que le Mixte ne pourra originellement posséder les vertus inhérentes à l'espèce que proportionnellement à l'appropriation du médiateur.

D'autre part en raison du mouvement de transmutation auquel sont soumis les éléments, mouvement qui pour un lieu déterminé perd cette harmonie, qu'il possède au point de vue universel, la matière élémentaire, telle que la coordonne la Quintessence ou Semence au moment de la génération

---

s'aperçoit qu'ils ne se contredisent pas mais sont parfaitement d'accord. En effet la *forme* et la *vertu* proviennent tout d'abord des Idées, mais par l'intermédiaire des Intelligences directrices, et avec le concours des forces astrales, et encore faut-il tenir compte de la disposition que présente le tempérament élémentaire et de son aptitude à la recevoir.

du Mixte, manque plus ou moins d'égalité et d'équilibre.

Elle est alors, suivant l'expression d'Agrippa, *impure* et *inégale* (1), c'est-à-dire que les Eléments n'y sont pas également puissants et équilibrés. Dans cet état, non seulement elle met une entrave à la manifestation des vertus occultes qui proviennent des Idées, mais encore elle concède aux Mixtes des qualités élémentaires excessives ou défectueuses.

Les variations qui se produisent dans les qualités occultes et dans les qualités élémentaires sont-elles parallèles et corrélatives? nous ne le croyons pas, et bien que la plupart des écrivains modernes aient été d'un avis contraire nous pensons qu'au point de vue astrologique il y a lieu d'établir deux jugements parfaitement distincts.

Mais ces considérations nous entraîneraient trop loin, et il est temps de passer à l'étude des Mixtes appartenant au règne minéral.

Les alchimistes donnaient en général le nom de Mixtes aux êtres qui leur paraissaient composés, et ils désignaient les êtres corporels sous le nom de Mixtes sensibles.

Ils divisaient ces derniers en quatre grandes classes qui correspondaient aux quatre éléments. C'étaient : 1° Les pierres; 2° Les métaux; 3° Les

---

1. H. C. Agrippa. *De occulta philosophia*. Lib. I. Cap. XI.

végétaux; 4° Les animaux, qui respectivement se rattachaient à la terre, à l'eau, à l'air et au feu.

Enfin en se basant toujours sur le quaternaire élémentaire ils introduisaient des subdivisions dans ces classes de telle sorte que, parmi les pierres, par exemple, les unes tenaient particulièrement du feu, d'autres de l'air, etc.

Dans l'étude que nous ferons des Mixtes sensibles, les pierres et les métaux devront attirer particulièrement notre attention, mais cependant, ainsi que le lecteur pourra l'observer, nombreuses seront les généralités qui demeureront applicables à tous les êtres de la Nature quel que soit le règne auquel ils appartiennent.

TROISIÈME PARTIE

La matière.
Constitution intime des corps physiques ou mixtes sensibles.

I

Étude comparative des diverses théories.

Dans le langage philosophique le mot matière possède deux acceptions parfaitement distinctes. Dans un cas il indique l'être indéterminé par opposition à la forme qui est la détermination ; dans l'autre il sert à désigner d'une manière générale l'ensemble des corps qui tombent sous nos sens et qui constituent le monde phénoménal.

Qu'il nous suffise de faire observer présentement que le mot matière prend en outre dans la bouche des alchimistes certaines significations techniques sur lesquelles nous aurons à revenir en leur temps.

Ici nous nous proposons d'étudier spécialement la matière en général, celle que la philosophie oppose à l'esprit, et d'examiner rapidement les principales hypothèses qui tendent à expliquer sa nature intime et les nombreuses modifications sous lesquelles elle se présente à nous.

Ceci nous permettra de prendre amplement connaissance de la nature du problème que comporte l'existence de la matière et de mieux apprécier l'étendue des difficultés qui entravent sa solution. Nous pourrons juger des faiblesses des différentes tentatives qui ont été faites pour le résoudre et mieux apprécier, par la suite, les conclusions des alchimistes.

Auparavant nous indiquerons dans quelle mesure nous avons l'intention d'aborder la solution de ce grave problème.

Considérant que depuis des milliers d'années les philosophes se consument en discussions sur l'essence de la matière, alors que les physiciens ont fait accomplir à leur science de nombreux progrès et l'ont enrichie de découvertes fécondes, Kant émettait l'avis que si la physique expérimentale avait ainsi progressé c'est qu'elle restait étrangère à ces mystérieux problèmes de l'essence et de l'origine des choses et avait pour unique objet de connaître les phénomènes et d'en découvrir les lois.

Car, de l'avis du philosophe allemand, si nous sommes capables de connaître les objets dans leur qualité sensible, en tant que *phénomènes*, en revanche il n'en saurait être de même à l'égard des objets en soi, c'est-à-dire des *noumènes*.

Or il est évident que les savants ne se bornent pas à enregistrer les faits et à formuler des généralisations ; ils cherchent, en outre, à acquérir une notion plus profonde de la nature des choses et à étendre leur connaissance au delà des apparences sensibles.

Les chimistes, en particulier, n'ont pas hésité à s'appuyer sur une hypothèse, la constitution atomique des corps, qui, loin d'entraver leurs progrès, a singulièrement contribué à augmenter leurs découvertes en leur permettant non seulement de classer les faits anciens, mais aussi d'en prévoir de nouveaux.

Il est donc impossible de déclarer *a priori* que toutes les spéculations touchant ce qui est au delà de l'apparence sensible sont inutiles et il n'est pas surprenant que les Alchimistes, qui avaient la prétention de modifier plus profondément que ne le font les chimistes modernes le côté phénoménal des choses, aient eu une conception adéquate de la constitution de la matière.

Cette conception envisage uniquement ce qui

intéresse le but qu'ils se proposent, et c'est à ce point de vue exclusif que nous avons l'intention d'étudier cette question.

Celui qui entreprend l'étude de la matière éprouve quelque surprise à constater que la majorité des philosophes s'est arrêtée à cette conclusion que la matière n'existe pas et qu'elle est privée de substance.

Cette opinion qui choque le sens commun et contredit le témoignage des sens étonne et démoralise le débutant qui n'en perçoit pas les raisons.

« C'est qu'en effet, dit Lacuria, si l'on accorde la substance à la matière, son existence renferme une contradiction et une absurdité que je défie qui que ce soit de justifier, et contre laquelle tous les efforts des philosophes ont échoué jusque-là ».

Cette contradiction n'a pas échappé à Kant et il la présente comme l'une des antinomies de la raison pure :

« Si vous concevez la matière comme objet en soi, si vous la supposez objectivement étendue, il faudra dire de deux choses l'une : qu'elle est divisible à l'infini, ou composée de parties simples. Or la thèse et l'antithèse se prouvent aussi bien l'une que l'autre. Il faut donc tomber dans une contradiction, à moins qu'on ne rejette à la fois la thèse et l'antithèse en retranchant l'hypothèse qui leur a donné naissance, l'hypothèse d'une matière existant en soi » (1).

En résumé toute substance doit être composée de parties simples sinon lorsque se produit une décomposition et lorsque la forme de l'agrégat disparaît il ne reste plus rien.

Mais d'autre part il ne saurait exister de parties simples, car si loin qu'aille la division on a toujours des parties qui sont dans l'espace, qui conséquemment possèdent de l'étendue et sont divisibles.

Telle est la difficulté fondamentale à laquelle on se heurte dès que l'on cherche à concevoir la constitution des corps, et on peut dire que le principal objet des systèmes de philosophie naturelle a été de la résoudre.

Ces systèmes se répartissent en deux groupes ; ils sont *mécanistes* ou *dynamistes* suivant le procédé qu'ils emploient pour expliquer la nature intime de la matière et les différentes modifications sous lesquelles elle se présente à notre perception.

Le *Mécanisme* qui consiste dans l'explication des choses telle qu'elle a lieu en mathématiques, c'est-à-dire par le seul emploi des causes efficientes et matérielles, tire ses données des formes de l'éten-

1. Kant. *Critique de la Raison pure* Paris 1864.

due impénétrable et de la transmission du mouvement.

Il peut présenter deux formes : L'atomisme qui considère la matière comme formée de substances étendues et indivisibles, séparées par le vide ou par un milieu spécial l'Ether, et le cartésianisme qui fait de l'étendue l'essence de la matière et qui en conséquence déclare qu'il n'y a ni corps sans étendue, ni étendue sans corps, supprimant ainsi le vide et remplissant l'espace d'une matière à différents degrés de densité.

La première hypothèse a été adoptée par la science moderne, et pour cette raison nous aurons à l'examiner très attentivement lorsque nous aurons terminé ce court exposé et avant d'entreprendre l'étude de la théorie alchimique.

Le *Dynamisme*, que l'on oppose généralement au mécanisme, ne reconnaît dans la matière que des forces dont l'action combinée détermine l'étendue et les autres propriétés des corps, soit que ces forces prennent appui sur des points de substance, soit que ces points au contraire soient le résultat de leurs conflits.

On a judicieusement fait observer que le dynamisme, à moins de renier complétement l'observation, ne peut manquer de faire une certaine place au mécanisme dans le monde.

Il est d'ailleurs évident que les différentes conceptions dynamistes que nous allons exposer ont surtout pour objet d'expliquer l'origine des atomes et de concilier leur exactitude avec leur réalité.

La théorie de Boscowich est un remarquable exemple de philosophie dynamique (1). D'après ce physicien les derniers éléments de la matière sont des points indivisibles et sans étendue qui possèdent une force d'attraction et une force de répulsion. Ces points sont placés à une certaine distance les uns des autres et l'intervalle qui les sépare peut augmenter ou diminuer à l'infini, mais non disparaître complétement. Quand l'intervalle diminue, la force de répulsion s'accroît, quand, au contraire, il augmente elle s'affaiblit. Cette double loi suffit à expliquer tous les phénomènes de la nature et les qualités primaires ou secondaires des corps. Dans ce système l'étendue et l'impénétrabilité cessent de faire partie des qualités, et la substance corporelle n'est plus qu'une force de résistance capable de contrarier la force de compression que l'on exerce sur elle.

Un écrivain occultiste, l'auteur de *Lumière d'Egypte* (2), a imaginé une hypothèse assez curieuse pour expliquer la formation d'un grain de matière solide dans un milieu que parcourent,

---

1. Boscowich. *Theoria philosophiæ naturalis reducta ad unicam legem virium in natura existentium.* Venise, 1763.

2. *La Lumière d'Egypte, ou la science des astres et de l'Ame.* Paris, 1895.

dans toutes les directions, des rayons ou lignes d'énergie émanés d'un centre déterminé. Lorsque deux forces égales venant de directions opposées se rencontrent, il se produit un point d'inertie qui est indivisible et sans étendue, mais qui constitue ce que l'auteur appelle la première dimension de la matière. Pour que ce point mathématique acquière les trois dimensions d'un solide il faut que six forces, opposées deux à deux, se concentrent sur lui suivant trois directions qui sont dans le rapport des axes d'un cube.

Nous rapprocherons de cette hypothèse celle que relate M. Wurtz et qui nous paraît plus conforme aux théories modernes : « Dans l'hypothèse de la continuité de la matière, la masse qui remplit l'univers tout entier est dans un état permanent de mouvement vibratoire. Des ondes s'y propagent en divers sens et s'y croisent, comme les ondes produites à la surface des eaux se propagent et se croisent avec d'autres ondes. De l'intersection de ces systèmes d'ondes résultent des surfaces nodales et des points nodaux, et par conséquent des portions limitées de la matière. La diversité de la matière résulterait de la diversité des systèmes d'ondes qui la traversent et l'on peut concevoir, à la rigueur, que ces portions ainsi limitées, ces tranches vibrantes, ces concamérations, si l'on veut, représentent les particules de la matière qui entrent en conflit dans les réactions chimiques (1) ».

Pour terminer nous citerons l'opinion de Leray qui considère l'atome comme la sphère d'action d'une monade qui s'y meut avec une vitesse infinie. A l'origine ces atomes se déplacent sans aucune loi, dans n'importe quel sens avec une très grande vitesse ; ils se heurtent et s'entrechoquent, et constituent un milieu analogue au Protyle de Crookes. Par leur groupement opéré dans certaines conditions ces atomes donnent naissance à l'atome chimique (2).

Nous n'avons pas l'intention de faire la critique de ces différentes hypothèses, mais nous ferons observer d'une manière générale qu'elles ne font que reculer la difficulté et que si elles procurent à l'atome un peu plus d'exactitude, en revanche elles diminuent considérablement sa réalité.

M. Lacuria a parfaitement observé l'insuffisance des systèmes analogues, et pour terminer cet aperçu général nous ne saurions mieux faire que de citer ses propres paroles : « Dans la matière supposée substantielle, la molécule primitive est impossible ; car il est également inadmissible qu'elle ait de l'étendue et qu'elle n'en ait pas. Ceux

1. Wurtz. *La théorie atomique*. Paris, 1889.
2. Leray. *Essai sur la synthèse des forces physiques*. Paris, 1892.

qui ont nié l'étendue de la molécule primitive ont été obligés de dire que la matière était composée de parties infiniment petites et placées à une distance relativement infinie les unes des autres. Qu'est-ce que cela, sinon la négation complète de la matière et de l'espace ? Que sont des points sans étendue et dont l'addition forme une étendue, sinon des zéros dont l'addition forme une quantité, c'est-à-dire une absurdité manifeste ? Mais on les place à distance, et comme entre des points sans étendue la distance est de toute nécessité relativement infinie, il faut alors admettre une addition de distances infinies qui produit une étendue mesurable. Enfin des points sans étendue n'occupant point d'espace sont incapables de distance quelconque ; le point sans étendue c'est là où la matière n'est plus et où commence l'esprit ; le point sans étendue, c'est l'immensité divine.

Il est évident que cette monade simple dont on a voulu faire la molécule primitive n'est pas de la matière ; elle est donc esprit. La matière, dans l'hypothèse que nous examinons, serait donc un composé d'esprits qui, incapables de distances, seraient néanmoins supposés à des distances qu'on appelle infinies, de peur de les appeler nulles. Cette hypothèse est donc insoutenable. ».

II

La théorie atomique.

La science moderne réserve ses préférences à la constitution atomique des corps. Elle considère que la matière est formée de molécules et en dernière analyse d'atomes, en mouvement dans un milieu, l'Ether, qui remplit tout l'espace et pénètre tous les corps.

Ces atomes ne sont pas des points mathématiques, mais possèdent au contraire une certaine étendue et sans doute une forme déterminée. Ils sont indestructibles et indivisibles par les forces physico-chimiques auxquelles ils servent de point d'appui. Ils diffèrent par leurs poids relatifs et par les mouvements dont ils sont animés.

La diversité de la matière résulte des différences primordiales qu'ils présentent et qui dérivent en quelque sorte de leur essence.

Ces atomes s'attirent les uns les autres non seulement en raison de leur masse, mais aussi de leur qualité, et cette attraction, connue sous le nom d'affinité, détermine la formation des molécules et préside aux combinaisons chimiques.

Dans la molécule les atomes ne sont plus libres de leurs mouvements, ils les exécutent d'une façon coordonnée et constituent un système où tout est solidaire et où ils sont assujettis.

L'Ether est un milieu formé d'une matière très raréfiée, élastique, agitée par des vibrations perpétuelles.

« Ce milieu est l'intermédiaire entre toutes les parties de l'univers. Messager rayonnant, il reçoit et nous transmet, sous forme de lumière et de chaleur, les radiations, c'est-à-dire les vibrations que lui impriment le soleil et les étoiles les plus lointaines, et renvoie dans l'espace celles qui proviennent de notre monde solaire. Et le même échange s'établit dans le domaine infini des infiniments petits. Les atomes et les molécules qui se meuvent avec des vitesses diverses dans ce milieu impressionnable lui communiquent une partie de leur énergie, et, réciproquement, les ondes calorifiques et lumineuses de l'Ether qui viennent effleurer les atomes ou les groupes d'atomes augmentent l'amplitude de leurs trajectoires et l'énergie de leurs mouvements vibratoires. Et c'est cette communication incessante de mouvements, cet échange perpétuel d'énergie entre l'éther et la matière atomique, qui donne lieu aux phénomènes les plus importants de la physique et de la chimie (1) ».

Voici esquissée dans ses grandes lignes l'hypothèse atomique telle que la concevait M. Wurtz et telle qu'il l'a exposée à la fin de son ouvrage.

Elle a été adoptée par la généralité des chimistes par ce qu'elle paraissait expliquer ces faits que les combinaisons chimiques se font avec nombre, poids et mesure, et que « lorsque deux corps forment plusieurs composés les poids de l'un d'eux qui s'unissent à un poids invariable de l'autre sont entre eux dans des rapports simples ».

Est-ce à dire que les savants n'ont pas envisagé l'incompatibilité de ces deux propriétés, l'insécabilité et l'étendue qu'ils accordaient à leur atome ? Non, et les efforts qui ont été faits, en particulier par sir William Thompson, pour expliquer cette contradiction, témoignent du contraire.

D'ailleurs l'insécabilité des atomes n'est pas définitivement admise, et on est assez disposé à admettre qu'ils sont formés par la réunion de particules plus simples. C'est pourquoi M. Würtz ajoute après avoir parlé de l'Ether : « Est-ce un milieu homogène, continu ? Est-il formé lui-même par des atomes de second ordre, sortes de monades, qui formeraient par leur agrégation la matière pondérable elle-même ? C'est une question que

1. Würtz. *La théorie atomique*. Paris, 1889.

l'on peut poser, mais qu'il est impossible de résoudre.

Or, nous avons vu qu'un ensemble de faits nouveaux témoignent en faveur de la seconde hypothèse, mais il convient de remarquer que si cette manière de voir vient à l'appui de la thèse alchimique de l'unité de la matière, elle ne résout pas la contradiction que nous avons signalée et ne fait que reculer la difficulté.

M. Wurtz prévoyait d'ailleurs l'avènement d'une hypothèse plus générale, et il se bornait à constater que la notation atomique et l'hypothèse atomique sont indépendantes et que quoi qu'il arrive la première ne manquerait pas de survivre.

III

Composition des Mixtes sensibles suivant l'Hermétisme.

Lorsque au XVII° siècle Gassendi s'efforça de rénover l'atomisme des anciens et de le rendre conforme au dogme chrétien il rencontra dans la personne de Morin de Villefranche un adversaire irréductible qui, prenant la défense des idées de Paracelse et de son disciple Severinus Danaüs, publia un opuscule (1) dans lequel il s'efforçait de réfuter le nouveau système.

La dispute s'envenima rapidement et peu après Gassendi et ses partisans répondirent par un ouvrage volumineux (2) dans lequel ils attaquaient

1. Dissertatio Joannis Baptisti Morini Doctoris Medici, et Parisiis Regii Mathematum Professoris, De Atomis et Inani : *Contra* Petri Gassendi *Philosophiam Epicuream*.

2. Anatomia ridiculi muris, hoc est Dissertatiunculæ J. B. Morini astrologi, adversus expositum a Petro Gassendo *Philosophiam Epicuream* : Per Franciscum Bernarium Andegavum.

très violemment leur illustre contradicteur. Le ton de certains passages est fait pour nous surprendre et nous concevons difficilement que Morin ait pu mériter de pareilles épithètes : « O tu Morine, non jam Dœmon, sed Dœmonissime ; non Diabole, sed Diabolissime ; non Satana, sed Satanissime, etc., etc. », qui émaillent un réquisitoire sévère contre celui qui a osé contredire le bon et pieux Gassendi.

Les Principes des choses, disait Morin, sont la *Matière* et la *Forme* et non les *Atomes* et le *Vide* comme le veut Gassendi, et en cela il était parfaitement d'accord avec les Philosophes Hermétistes.

Telle est donc la thèse que nous allons essayer de reprendre, en lui donnant les développements qu'à notre avis elle comporte, mais auparavant il est indispensable de faire connaître au lecteur la méthode que nous prétendons employer dans notre exposition.

Dès que l'on cherche à connaître l'opinion des Alchimistes sur la constitution des mixtes sensibles, on se heurte à une terminologie obscure dont il est bien difficile de saisir la valeur exacte.

Non seulement, en effet, leurs définitions sont très imparfaites, mais c'est en l'absence de toute méthode qu'ils procèdent à l'exposition de leurs idées.

Dans les traités relatifs à l'art transmutatoire la *Forme*, la *Matière*, les *Eléments*, les *Semences*, le *Soufre*, le *Sel*, le *Mercure*, l'*Humide radical*, etc,

etc., sont considérés, tour à tour, comme des éléments composants du mixte sensible, sans que rien vienne indiquer le rapport qui peut exister entre ces différentes choses.

Il en résulte une certaine incohérence bien faite pour rebuter les plus persévérants chercheurs et à laquelle il est nécessaire de remédier.

Contrairement à ce qu'on pourrait supposer, chacun des termes dont se servent nos Philosophes possède sa raison d'être, et l'usage qu'ils en font n'est point arbitraire.

Les uns et les autres servent à caractériser *certains moments, certaines phases* qu'ils perçoivent dans le développement des mixtes et que nous allons examiner dans leur ensemble avant de les étudier séparément.

Au préalable nous ferons observer que ces phases ne constituent point à proprement parler des actes successifs dans la génération du mixte, mais plutôt des points de vue que notre esprit doit parcourir pour en saisir le processus général.

1. Dans une première phase nous étudierons le Principe formel et le Principe matériel, la Forme et la Matière.

2. Après intervention du médiateur nous aurons à considérer dans une deuxième phase la Semence et les Eléments.

3. Enfin dans une troisième phase nous nous

occuperons des Principes alchimiques : le Soufre, le Sel et le Mercure.

En d'autres termes nous examinerons successivement les Principes, le mouvement suivant lequel s'effectue leur identification et les résultats progressifs qui en sont la conséquence.

Et les trois parties de notre travail correspondront sensiblement à l'étude des Principes, des lois et des faits.

Aussi répétons-le, pour que personne n'en ignore, si nous parlons successivement de principes, d'éléments, de semences, etc., il n'en est pas moins vrai que les mixtes sensibles tels qu'ils nous apparaissent sont simultanément constitués par toutes ces choses.

PREMIÈRE PHASE

La Forme et la Matière.

En posant comme premiers principes des choses la *Forme* et la *Matière*, nous devons tenir compte de la répugnance qu'éprouveront certains esprits à s'assimiler des notions si différentes des conceptions modernes et justifier, en quelque sorte cette manière de voir, en nous appuyant sur le témoignage d'un chimiste très éminent.

M. Berthelot a reconnu, en effet, que non-seulement la théorie Alchimique d'une matière unique capable de Formes qui se substituent les unes aux autres n'avait pas été atteinte par les découvertes modernes, mais encore qu'elle constituait une explication très plausible de la constitution de la matière.

La matière, en cette occurrence, est une par sa substance et diverses par ses qualités ; on peut dépouiller une substance des qualités qui la caractérisent et la revêtir de qualités nouvelles ; les substances peuvent ainsi se changer les unes en les autres suivant un processus circulaire parfaitement déterminé.

Ainsi que nous le démontrerons, cette conception n'embrasse la théorie alchimique que dans ses grandes lignes, mais elle suffit pour légitimer l'emploi que nous prétendons faire de ces concepts de *Matière* et de *Forme* pour expliquer la nature des choses.

Maintenant il est nécessaire que nous cherchions à acquérir une notion distincte de ces Principes premiers, notion qui nécessairement devra être conforme à la doctrine alchimique.

Il est manifeste que les différents systèmes philosophiques qui ont fait usage de la *Forme* et de la

Matière ne les ont pas considérées de la même manière.

L'hermétisme, en particulier, qui, en raison de ses affinités avec l'école d'Alexandrie, se range à l'opinion de Platon, a adopté, par contre, la terminologie d'Aristote. Il en est résulté une certaine confusion qu'il importe de faire disparaître.

L'auteur de la métaphysique faisait reposer toute sa doctrine sur l'opposition de la *Matière* et de la *Forme*, ou plus exactement de la *Puissance* et de l'*Acte*. Dieu est l'acte pur séparé de toute Matière, la Forme parfaite, et devant cette Forme sublime existe une Matière éternelle.

« Le monde Péripatéticien est un ensemble d'êtres profondément distincts et individuels qui sans cesse passent de la puissance à l'acte, d'une forme à une autre, dans un progrès d'actualisation sans fin » (1).

Suivant M. Martin, dans le système d'Aristote, tous les êtres, excepté l'Etre suprême, sont constitués par la réunion d'une Matière *entièrement* indéterminée et d'une Forme qui est l'ensemble des qualités comprises dans la définition de cet être.

La *matière* d'Aristote est, suivant M. Saisset, « une matière réelle et substantielle, c'est-à-dire une matière qui loin d'être séparée de la forme ne peut être conçue sans elle que par abstraction ».

1. A. Franck. *Dictionnaire des sciences philosophiques*, in-8, Paris, 1885.

Plus tard Ibn Roschd devait prétendre que la Matière est éternelle, qu'elle possède la faculté de tout devenir par l'intervention de la Forme et que même cette dernière est virtuellement dans la Matière (2).

Nous avons vu que Platon était d'un avis opposé et qu'il considérait la Matière, en certaines circonstances, comme le lieu où s'effectue la génération.

Pour le fondateur de l'Académie les Idées sont, en conséquence, les essences des choses, ce qu'elles possèdent de plus réel. Pour celui du Lycée, au contraire, ce qui possède au plus haut point l'existence et l'être, c'est l'individu, c'est-à-dire la réunion de la Forme et de la Matière, qui en dehors de cette réunion sont de pures conceptions de l'esprit.

Au moyen âge la philosophie scolastique commença à établir une distinction entre l'essence et la substance. Prenant pour quelque chose de réel la notion abstraite de la Matière, du sujet indéterminé de toutes les formes possibles, elle lui donna le nom de substratum ou de substance, réservant le nom d'essence aux qualités exprimées par la définition ou aux idées qui représentent le genre et l'espèce. Malgré l'opposition des réalistes, qui voulaient identifier l'essence et la substance dans

---

2. Cf. Ernest Renan. *Averroës et l'Averroïsme*. Paris. 1852.

l'Intelligence divine et dans les formes de cette Intelligence, les nominalistes réussirent à faire admettre que la Matière première dépouillée de toute forme, le sujet passif et nu, tel que le concevait Aristote, possède une réalité actuelle, une existence positive, et constitue dans chaque individu l'être proprement dit (1).

Si, laissant de côté la valeur relative des principes constitutifs de l'être, nous nous contentons de reconnaître que l'un et l'autre sont nécessaires, et cherchons à déterminer en quoi consiste la réalité propre de leur produit, nous voyons, d'après ce qui vient d'être dit, que trois solutions s'offrent à notre choix.

D'après Platon les Idées sont les essences des choses, c'est-à-dire ce qu'elles possèdent de plus réel.

Saint Thomas d'Aquin prétendait au contraire que la Matière est ce qui constitue dans chaque individu l'être proprement dit.

Enfin pour Aristote l'individu est constitué par la réunion de la Forme et de la Matière, qui en

---

1. « Donc c'est la matière qui fait le nombre des êtres ; non pas la matière indéterminée qui est la même chez plusieurs, mais la matière délimitée, le *quantum* individuel. Telle est du moins l'explication donnée à la pensée de saint Thomas par Gilles de Rome, et restée traditionnelle dans l'école thomiste. »

Renan. *Averroës et l'Averroïsme*, p. 192. Paris, 1852.

dehors de cette réunion sont de pures conceptions de l'esprit.

Or nous allons voir que ni l'une ni l'autre de ces solutions ne peuvent nous satisfaire.

Leibnitz fait observer avec juste raison que si la Matière, comportant toutes les Formes, n'en explique aucune, en revanche la forme acte, excluant toute indétermination, ne peut fonder qu'une nécessité absolue, ne laissant aucune place au possible et à la contingence (1).

Il en conclut qu'entre la Matière ou puissance, et la Forme fixe ou acte, il faut mettre la force comme quelque chose d'agissant qui tend à l'acte proprement dit.

« Les Pythagoriciens disaient que la *Monade* était le principe de l'unité, de la ressemblance, de la forme informante, de l'identité, et en un mot de toutes ces propriétés qui retiennent l'être dans un tout organisé et un ; et que la *Dyade* était le principe de la différence, de la divisibilité, de la diversité. C'est pour cela qu'ils appelaient la matière Dyade parce qu'elle est la cause de la division (2) ».

« Tout être individuel, dit M. Barlet, est une synthèse de monades inférieures dominées par une supérieure qui assure leur union. Il constitue une

---

1. Emile Boutroux. *Leibnitz. La monadologie*, p. 38, in-12. Paris, 1881.
2. Asclep., Scholl. *Arist.*, p. 541.

concentration de la *Multiplicité* en une *Unité;* son but est d'*identifier chacune des monades inférieures à la supérieure* (1), et de faire ainsi monter de grade en grade jusqu'à l'Unité Suprême la monade néantique, la créature tirée du néant (2) ».

Ainsi entre la Forme et la Matière, entre la Monade et la Dyade, entre l'unité et la multiplicité, l'être se réalise progressivement, procède à son auto-création et son évolution est en raison directe du degré d'identification des deux termes de cette antithèse.

Aussi Pythagore enseignait-il que l'être est le rapport, le ternaire, de la Forme et de la Matière, de l'acte et de la puissance, et comme disait Philolaüs, du fini et de l'infini, et non comme on pourrait le croire le lien, le mixte de deux substances existant par elles-mêmes et unies entre elles (3).

Il est d'ailleurs assez curieux de constater qu'un auteur très distingué, Louis Luccas, qui était très instruit en Hermétisme, considérait l'âme comme une création personnelle de l'homme, et que Leib-

1. « La fonction de la nature dans l'ensemble des principes qui concourent à former l'univers est de mouvoir la matière, et d'y réaliser par le mouvement l'unité et la forme qu'elle a reçues du monde intelligible ».
Munk. *Essai de philosophie juive et arabe*. Paris, 1859.
2. Ch. Barlet. *Les génies planétaires. L'Initiation.*
2. Chaignet. *Pythagore et la phil. pyth.*, p. 267. Paris, 1873.

nitz lorsqu'il cherche à définir cette *force* qu'il introduit entre la Forme et la Matière, déclare qu'elle a quelque chose d'analogue à la vie, au sentiment, à l'appétit, qu'elle est douée de perception et qu'elle doit être conçue à l'imitation de la notion que nous avons de l'âme.

Si nous envisageons le procès en question dans le règne minéral nous devons observer qu'en raison de la place qu'ils occupent à la partie inférieure de l'échelle des mixtes sensibles les métaux procèdent de la matière primitive dans son plus grand état d'indétermination.

Mais si nous examinons au contraire ce qui se passe chez les mixtes appartenant aux autres règnes il nous faut tenir compte de l'évolution acquise.

L'ordre et la série enchaînent et relient les uns aux autres tous les genres et tous les degrés de perfection des êtres, et leur ensemble est un tout dont les extrêmes sont réunis par une série progressive et ascendante de moyens.

Cette conception que M. Chaignet déclare d'origine pythagoricienne se retrouve chez différents auteurs qui ont subi l'influence de ce philosophe.

L'ensemble des êtres est alors considéré comme une progression, une série, dont chaque terme contient tous les termes qui le précèdent. Il est comparable à la décade dont chaque nombre renferme tous les nombres placés au-dessous de lui,

« Chaque existence supérieure possède en puissance au moins toutes les fonctions de l'existence inférieure et les enveloppe sous une forme plus haute et sans les supprimer, tout en effaçant doucement les caractères spécifiques et les fondant dans une activité plus parfaite » (1).

Ce qui fait dire à Ibn Gebirol que les substances résident les unes dans les autres et se servent mutuellement de *substratum* jusqu'à ce que de conséquence en conséquence on parvienne à un dernier *substratum* qui est la Matière universelle (2).

Nous nous sommes attaché à déterminer d'une façon générale quelle conception il fallait avoir de l'être, de la réalité de son existence par rapport à ses principes constitutifs, et nous verrons plus tard que ces notions nous seront utiles pour interpréter certains faits et en particulier les caractères physiques considérés comme base d'appréciation du procès évolutif.

Maintenant nous devons envisager la manière dont s'effectue cette évolution, le mouvement sui-

---

1. Chaignet. *Pythagore et la phil. pyth.*, p. 267.
2. « Les différentes manifestations de l'être se suivent sans interruption, s'environnant les unes les autres et se servant mutuellement de matière et de forme les unes les autres ».

Munk. *Mélanges de philosophie juive et arabe.* Paris, 1859.

vant lequel elle s'accomplit, mais auparavant nous ferons observer au lecteur que de l'avis des alchimistes tous les métaux possèdent une même matière et une même semence.

En d'autres termes ils représentent différents degrés dans l'identification d'une Forme et d'une Matière déterminées : « Aucun procès ne peut exister et durer sans une antithèse qualitative. Une série continue de phénomènes, dont chacun procédant d'un rapport complémentaire qualitatif, a sa base commune à tous dans une antithèse originelle, se nomme procès (1) ».

Et si nous adaptons à notre sujet cette conception de Jean Malfatti de Montereggio nous devrons considérer qu'en la circonstance la série des métaux représente cette série de phénomènes qui caractérise le procès.

DEUXIÈME PHASE

Semences et éléments.

Après avoir posé les premiers principes des choses, la *Matière* et la *Forme*, les alchimistes étu-

---

1. Montereggio, *Etudes sur la mathèse*, p. 58. Paris, 1849.

dient la constitution des corps à un deuxième point de vue, moins métaphysique que le premier, et considèrent de nouveaux composants qui sont les *Eléments* et les *Semences*.

Il y avait à l'origine, dit d'Espagnet, deux principes simples et premiers, la Matière et la Forme, auxquels tous les autres sont postérieurs ; de leur accouplement naquirent les Eléments ou principes seconds qui produisirent la matière seconde qui supporte directement les accidents et qui est soumise aux vicissitudes de la génération et de la corruption (1).

Ainsi les Eléments sont intermédiaires entre les principes premiers et la matière seconde, et avant d'aller plus loin, nous ferons observer que dans la résolution physique des choses on ne saurait, de l'avis de tous les alchimistes, parvenir jusqu'à eux.

Il appartient à la Nature seule d'engendrer avec les Eléments la matière seconde et, par contre, elle seule peut réduire un mixte en ses Eléments.

La terminologie employée par d'Espagnet nous amène à faire cette remarque qu'après avoir opposé la *Matière* à la Forme les alchimistes appellent souvent les Eléments *matière première* et désignent le Soufre, le Sel et le Mercure, dont nous nous occuperons plus loin, comme *matière seconde*.

De même après avoir énuméré les deux *princi-*

---

1. *Enchiridion physicæ resitutæ*. Colon. Allobrog. 1673.

pes premiers ils considèrent les Eléments comme *principes seconds* et attribuent encore le nom de *principes* à leur trinité alchimique.

Ceci posé examinons ce qu'il faut entendre par Eléments, car on se tromperait gravement si l'on s'obstinait à voir dans les quatre Eléments ce que l'on entend vulgairement sous le nom de terre, air, eau et feu.

L'auteur du *Dictionnaire philosophique* a su éviter cette méprise, et fait remarquer que Paracelse lui-même a pris grand soin de mettre en garde le lecteur contre cette erreur, et que différents auteurs anciens, Aristote en particulier, ont déclaré qu'ils désignaient sous ce nom des principes actifs, des propriétés portant le nom des substances dans lesquelles leur action était prédominante.

Dans une excellente intention certains auteurs ont prétendu que les quatre Eléments servaient à désigner les quatre états principaux solide, liquide, gazeux et radiant, sous lesquels la matière se présente à nos sens ; d'autres sont allés jusqu'à admettre qu'ils symbolisaient le carbone, l'oxygène, l'azote et l'hydrogène dont on connaît le rôle fondamental en chimie organique.

Mais il est évident que tous ont cherché à prendre la défense de cette célèbre doctrine en l'adaptant à nos idées modernes, et non en mettant en lumière son originalité propre et en l'opposant aux théories actuelles.

Hegel avait su apprécier à sa juste valeur cette conception des anciens, et il est très intéressant de rappeler ses propres paroles : « L'ancienne doctrine de la formation de toutes choses par quatre éléments selon Pythagore, Platon et Aristote, ou par trois principes, selon Paracelse, n'a pas prétendu par là désigner empiriquement la pure matière primitive, mais bien plus essentiellement la détermination idéale de la force qui individualise la figure des corps; et nous devons par là admirer avant tout l'effort par lequel ces hommes, dans les choses sensibles qu'ils choisissaient comme signes, ne connurent et ne retinrent que la détermination générale de l'idée. »

Il est bien évident, d'ailleurs, que si on avait pris soin d'étudier, d'une manière un peu moins superficielle, les ouvrages des auteurs qui traitent de la question, il eut été impossible, en raison de leurs propres déclarations, de se méprendre ainsi sur leur pensée :

« Terræ, aquæ et aeris corpora, dit d'Espagnet, quæ sphœris suis sensibiliter distinguuntur, alia sunt ab Elementis, quibus in opere generationis utitur natura, quæque mixtorum corpora constituunt; hæc enim in mixtione præ tenuitate imperceptiblia et sensibus occulta sunt, donec in materiam densam et corpus coierint » (1).

1. *Enchiridion physicæ restitutæ.* 1673, p. 35.

Dieu, disent les alchimistes, sépara les Eléments du chaos aux premiers temps de la création, et on doit admettre qu'ils considèrent cette séparation comme la substitution d'un certain ordre à l'état de confusion qui existait précédemment.

« L'Elément, dit l'anonyme de la *Lettre Philosophique*, est un corps séparé du chaos afin que les choses élémentées consistent par lui et en lui » (1).

« Il y a quatre Eléments et premiers fondements de toutes choses, dit Agrippa, le feu, la terre, l'eau et l'air ; ils entrent dans la composition de toutes choses élémentées non par mode d'entassement, mais par transmutation et union » (2).

« Que les amateurs de cette science, dit *Le Cosmopolite*, sachent donc qu'il y a quatre Eléments, possédant chacun dans son centre un autre Elément, dont il est élémenté ; ce sont les quatre piliers du monde, que Dieu par sa sagesse sépara du chaos au temps de la création de l'Univers ; qui par leurs actions contraires maintiennent, toute cette machine du monde en égalité et en proportion, et qui enfin par la vertu des influences célestes produisent toutes les choses dedans et dessus la terre. »

Evidemment cette genèse des éléments demanderait à être exposée avec moins de concision, et on comprend qu'en l'absence de toute autre docu-

1. *Lettre philosophique*. Paris, 1671.
2. H. C. Agrippa. *De philosophia occulta*, p. 3, 1533.

mentation, certains occultistes modernes aient pu considérer les Eléments à la manière d'Empédocle et du philosophe Indou Kanada et non selon les enseignements de la véritable philosophie Hermétique.

Cependant si ils avaient pris soin de retenir et de méditer ce que les alchimistes disent de la nature non sensible des Eléments, et du mode suivant lequel s'effectue leur mixtion génératrice, ils eussent évité cette erreur.

C'est ainsi que, suivant Severinus Danaüs, les Eléments sont les matrices, lieux ou domiciles, qui échauffent les semences destinées à la génération, les éveillent en temps voulu, les poussent à la maturité, et accordent un réceptacle à celles qui en sont dignes. En tant que lieux, ils sont incorporels et ne sauraient être mélangés ou se corrompre.

Cette description se rapproche beaucoup de celle que, d'après Platon et les Alexandrins, nous avons précédemment donnée de la Matière, mais avec quelque chose de plus que Severinus Danaüs ne met pas suffisamment en évidence en tant que mouvement générateur, et que nous devrons exposer d'une façon plus explicite.

Au préalable nous examinerons l'opinion d'Aristote qui très vraisemblablement a eu une influence énorme dans l'élaboration de la théorie qui nous occupe.

Sous le nom de *mouvement* Aristote entendait

désigner non seulement le changement de lieu, mais aussi le *changement de qualités*. Il considérait que lorsque un objet se meut il passe d'un état à un autre dont il était précédemment privé, et que pour que ce passage puisse avoir lieu il faut qu'il y ait dans l'objet une certaine puissance d'acquérir les qualités qu'il ne possède pas encore.

En résumé si un objet est susceptible d'acquérir *actuellement* des qualités qu'il ne possède pas encore, c'est que ces qualités sont déjà en lui d'une certaine manière et qu'il les possède *en puissance*.

Par le *mouvement* les qualités passent de *puissance* en *acte* et deviennent la forme de l'objet.

« Suivant Aristote, dit M. Martin, l'élément le plus parfait c'est l'Ether, qui doué d'intelligence, exécute volontairement autour du centre du monde le mouvement le plus parfait, le mouvement circulaire, principe des révolutions célestes.

« Par l'influence des saisons, l'éther produit les changements de qualités, et, par suite les changements de lieux des quatre éléments inférieurs, qui se transforment dynamiquement l'un en l'autre par la communication de leurs qualités essentielles. A ces qualités sont attachés certains mouvements naturels en ligne droite soit de la circonférence au centre du monde, soit du centre à la circonférence » (1).

1. A. Franck. *Dictionnaire des sciences philosophiques.* Paris, 1885. (Art. *nature*).

Un excellent résumé de la doctrine d'Aristote, publié par M. *Barlet* dans une étude sur les *Génies planétaires et le Zodiaque*, va nous permettre d'acquérir sur ce sujet une notion plus précise et surtout plus appropriée à nos recherches :

« Dans un premier principe infini, sensible, se forment nécessairement quatre oppositions ou contraires qu'il nomme le chaud, le froid, le sec et l'humide, en les opposant comme on sait deux à deux.

Il se fait ensuite une combinaison de ces contraires, deux à deux, mais entre les plus proches seulement, non entre les opposés qu'il dit absolument inconciliables.

A leur tour ces éléments se transformant l'un dans l'autre, engendrent les corps ou les décomposent, selon le sens du mouvement de transformation, la génération des corps n'étant pour lui qu'une transformation rapide. C'est par ce moyen que la *potentialité* renfermée dans un cinquième principe, supérieur aux autres (l'Ether), passe à l'acte par le mouvement, c'est-à-dire produit la création ».

Evidemment nous arrivons peu à peu à avoir une conception des Eléments bien différente de celle qui consistait à les considérer, soit comme la terre, l'eau, l'air et le feu proprement dits, soit même comme l'expression des différents états que peut traverser la matière, et nous nous rapprochons très sensiblement de l'opinion de Hegel qui voyait en eux « la détermination idéale de la force qui individualise la figure des corps ».

Mais ce qui doit retenir toute notre attention c'est ce mouvement de transformation ou mieux de transmutation que tous nos auteurs leur attribuent et nous devons chercher à déterminer dans quel sens il s'opère.

Dans le travail que nous citions plus haut, M. Barlet a examiné les combinaisons que peuvent former les quatre éléments dans la création des individualités. Sans entrer dans des détails, pour lesquels nous renvoyons le lecteur à l'ouvrage en question, nous rappellerons que M. Barlet admet que les quatre Éléments peuvent fournir vingt-quatre permutations.

Il limite son étude à six ordres qui sont :

1. *feu, terre, air, eau.*
2. *feu, terre, eau, air.*
3. *feu, eau, air, terre.*
4. *feu, eau, terre, air.*
5. *feu, air, eau, terre.*
6. *feu, air, terre, eau.*

Les trois premières sont d'après lui chimiques ou créatrices, alors que les trois dernières sont physiques ou transformatrices. C'est à tort, dit-il, qu'Aristote voulait trouver dans celles-ci les combinaisons déterminant la génération des corps individuels.

Nous n'avons pas à exposer ici les raisons pour lesquelles M. Barlet attribue chacun de ces rythmes à l'une des manifestations phénoméniques qui se sont produites depuis la naissance de notre globe terrestre, mais nous avons à rechercher quel est, d'après les alchimistes, le rythme dont il convient de tenir compte dans la réalisation du Grand Œuvre.

Si les quatre éléments coexistent dans toutes choses ils ne manifestent pas simultanément leurs propriétés, mais acquièrent tour à tour la prédominance.

Quel que soit le classement que nous leur attribuions dans la suite, conformément au but que nous nous proposons, il indiquera l'ordre suivant lequel ils manifestent tour à tour leurs qualités et par conséquent celui qu'ils possèdent dans leur mouvement de transmutation.

L'évolution particulière du mixte présente ainsi un ensemble de phases comparable à la succession des saisons et dont chacune correspond à l'actualisation des propriétés de l'un des éléments qui le composent.

La rotation de notre planète autour du soleil partage l'année, cycle principal de la vie de notre globe, en quatre saisons qui correspondent chacune à l'un des éléments.

Printemps	air	chaud et humide
Eté	feu	chaud et sec
Automne	terre	froid et sec
Hiver	eau	froid et humide

Et on peut dire qu'au cours de l'année l'air se change en feu, ce dernier en terre, etc., etc.

Or la raison de ce mouvement de transmutation est de déterminer en quelque sorte fatalement l'évolution des choses en provoquant tour à tour l'actualisation de potentialités qui ne sauraient se manifester simultanément.

Si les Éléments étaient également puissants, si leur mixtion était parfaitement harmonieuse, le tempérament serait adéquat à sa Semence et le mixte posséderait cette perfection que les alchimistes attribuent à l'or et dont la quadrature du cercle est le symbole.

Mais généralement cet équilibre fait défaut et la matière impure et inégale oppose une entrave aux opérations de la Semence qui par elle-même ne saurait être cause de l'imperfection du mixte, car sa pureté reste inaltérable comme celle des Raisons séminales et des Idées divines :

« Quæ non errant, dit Agrippa, nisi per accidens ex impuritate videlicet et inœqualitate materiæ ; hoc enim modo inveniuntur res etiam ejusdem speciei magis ac minus potentes, secundum puritatem vel confusionem materiæ, omnes enim influxus cœlestes impediri possunt per confusionem et inabilitatem materiæ » (1).

La forme et la vertu des êtres sensibles proviennent des Idées, mais il faut tenir compte des aspects célestes et de l'aptitude que possède le tempérament élémentaire à les recevoir :

« Provenit itaque forma et virtus primo ab Ideis, deinde ab Intelligentiis præsidentibus et regentibus, postea a cœlorum aspectibus disponentibus, porro ab elementorum dispositis complexionibus correspondentibus cœlorum influxibus, a quibus ipsa elementa disponuntur » (2).

Les Semences conservant toujours leur pureté première et la différence que l'on constate chez les mixtes des trois règnes ne devant être attribuée qu'à leur tempérament élémentaire, il s'en suit que l'évolution des êtres de la nature s'effectue dans l'espèce et qu'elle consiste en la réalisation progressive d'un tempérament parfaitement équilibré.

Suivant les alchimistes, l'Or, dans la nature minérale, possède ce degré de perfection :

« L'Or, dit l'anonyme de la *Lettre philosophique*, est un métal parfait dont les Eléments sont si généralement balancés que l'un ne prédomine pas l'autre. »

Si l'on considère que l'Hermétisme attribue à

---

1. H. C. Agrippa. *De philosophia occulta.* Lib. I. Cap. XI.
2. *Id.*, Lib. I. Cap. XIII.

tous les métaux une même Semence, on comprendra aisément quel intérêt cette évolution et le mouvement dont elle est la conséquence présentent pour l'Art :

« Celui, dit le même auteur, qui connaît le moyen de changer un Elément en l'autre peut se dire vrai Philosophe. »

Ce n'est qu'à cette condition, en effet, qu'il sera possible d'obtenir la génération de ce corps incorruptible dans lequel, suivant l'expression du même auteur : « les Eléments doivent être *analiques*, c'est-à-dire également puissants, parfaitement digérés et purifiés », de manière que le quadrangle réponde au quadrangle.

Le mouvement de transmutation qui s'effectue au sein des mixtes a pour cause l'inégalité qui existe entre les Eléments qui le composent, et aura pour résultat de la faire disparaître : « Quand ces Eléments seront un jour (par l'émotion nouvelle de la nouvelle création) dénués de toute impureté, alors leur corps et leur esprit seront en juste balance, et attachés ensemble par le lien sacré de l'éternité ; *l'inégalité ôtée*, le *mouvement le sera pareillement*, qui compose le temps, et là où, il n'y en a plus l'éternité apparaît d'elle-même. De toutes les matières que nous connaissons, la plus également composée est l'Or, qui, ayant des élément purs et destitués de toute inégalité, approche plus de l'éternité que tout autre (1). »

N'est-il pas surprenant que ce mouvement de transmutation des Eléments, qui est en quelque sorte la clef du Grand Œuvre, ait échappé à la totalité des travailleurs qui étudièrent, à notre époque, la Philosophie Hermétique, et qu'après avoir reconnu que les Eléments n'étaient pas le feu, l'air, l'eau et la terre du vulgaire, ils n'aient pas découvert que ces mutations étaient autre chose que de simples liquéfactions, résolutions ou volatilisations.

Pourtant nos Philosophes avaient eu soin de les avertir et de les mettre en garde contre semblable interprétation de leurs discours.

« Qui terram, aquam, aerem, ignem sphæris suis distincta Mundi Elementa esse, eaque mutua inter se reciprocatione converti tradiderunt, male Naturæ arcana perscrutati sunt » (2).

Il nous reste maintenant à déterminer dans quel ordre s'opère la transmutation des Eléments.

« Les vertus de toutes choses, dit l'anonyme de la *Lettre philosophique* sont inhérentes au soleil, et son mouvement règle celui des saisons et des choses qui sont sous la classe des saisons. »

---

1. *Lettre philosophique*. Traduite de l'allemand par, A. Duval. in-12, Paris, 1671.

2. *Enchiridion physicæ restitutæ*. Colon. All. 1673, p. 81.

Or, nous connaissons la correspondance qui existe entre les saisons et les éléments, il nous est donc facile d'établir dans quel ordre doit alors se produire la transmutation de ces derniers, et il se trouve que, contrairement à l'opinion de M. Barlet, le procès minéral est régi par l'une des combinaisons désignées par Aristote.

Tous les alchimistes qui ont fait quelque allusion à cette partie fondamentale de l'art transmutatoire sont très affirmatifs et ne laissent subsister aucune ambiguïté à cet égard.

« La doctrine des Eléments, dit l'auteur de la *Lettre philosophique*, est très importante, étant la clef des sacrés mystères de la nature. Les Eléments conspirent ensemble et se changent facilement l'un en l'autre, et nous voyons la terre se changer en eau, l'eau en air et l'air en feu. »

« Notre ouvrage bénit, dit le Cosmopolite dans son *Traité du sel*, demande à être réglé conformément aux quatre saisons de l'année : et comme la première partie qui est l'Hiver est froide et humide ; la seconde, qui est le Printemps, est tiède et humide ; la troisième, qui est l'Eté, est chaude et sèche ; et la quatrième qui est l'Automne est destinée pour cueillir les fruits. »

Ainsi non seulement cet alchimiste déclare qu'il convient d'adopter l'ordre des saisons, mais en outre il nous fait connaître quelle est celle qui doit correspondre au commencement de l'œuvre.

C'est qu'en effet si les saisons manifestent la succession suivante :

Eau — Air — Feu — Terre

Cette succession peut devenir, en commençant par chacun des autres éléments :

Air — Feu — Terre — Eau
Feu — Terre — Eau — Air
Terre — Eau — Air — Feu

La figure ci-contre fera mieux comprendre au lecteur comment naissent ces différentes combinaisons ; nous supposons le mouvement de transmutation s'effectue en sens inverse de celui des aiguilles d'une montre.

Nous examinerons, dans la suite, si vraiment l'année philosophique doit commencer au solstice d'Hiver, et si, au contraire, il ne serait pas plus conforme à la tradition, de la faire partir de l'équinoxe d'Automne, de manière à obtenir cette succession des Eléments que l'on retrouve dans les anciennes figures qui représentent le monde sublunaire.

Ainsi il existe un mouvement de transmutation des Eléments dont nous connaissons désormais l'utilité et la raison d'être.

Nous avons établi le mode suivant lequel il s'effectue, l'ordre dans lequel les Eléments prédomi-

Froid
Solstice d'Hiver
EAU
TERRE
HIVER
froid et humide
AUTOMNE
froid et sec
Humidité
Equinoxe de Printemps
Sécheresse
Equinoxe d'automne
PRINTEMPS
chaud et humide
ÉTÉ
chaud et sec
AIR
Solstice d'été
FEU
Chaleur

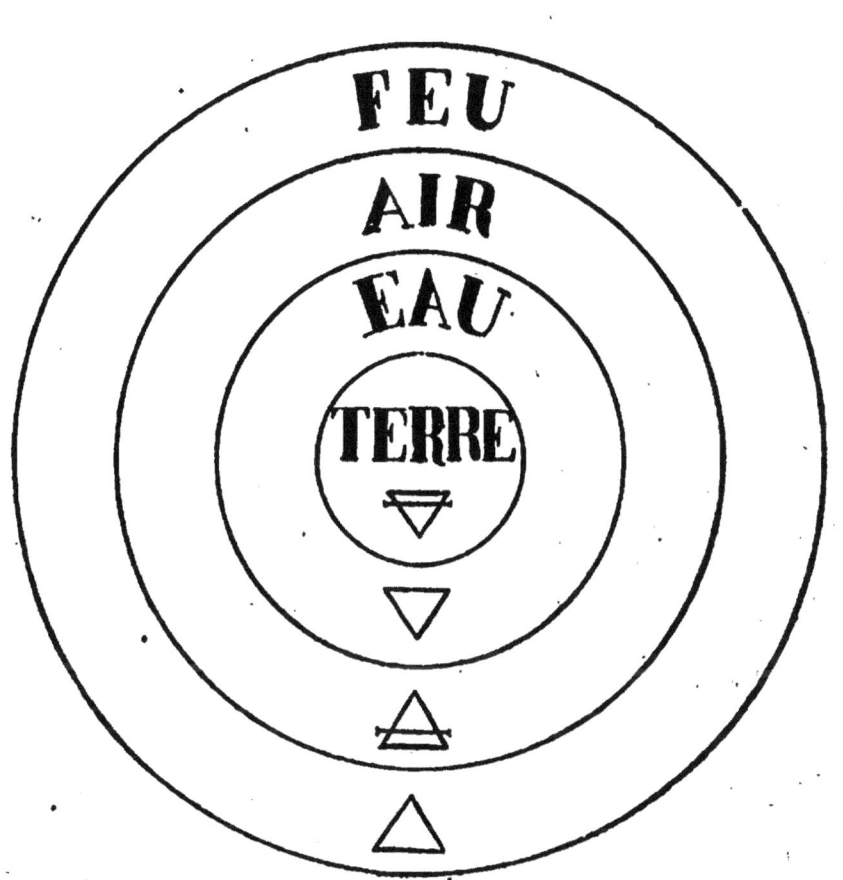

nent tour à tour, et cependant notre tâche n'est pas encore accomplie.

On ne saurait, en effet, passer de la théorie à la pratique de l'Alchimie, parfaire l'œuvre de la Nature par l'intervention de l'Art, s'il n'existe pas un agent que l'on puisse faire intervenir pour modifier et activer l'évolution naturelle des corps.

Or, cet agent existe, c'est le feu, qui appliqué suivant certaines règles dont nous nous occuperons ultérieurement, permet d'influencer la transmutation des éléments composant le tempérament du mixte, et par suite son évolution (1).

Le feu, disent les Alchimistes, est naturel ou artificiel.

Le premier est cet esprit igné d'origine céleste que renferment les mixtes et qui est le principe de leur chaleur et de leur mouvement.

Le second est celui que l'Artiste fait intervenir, et qui pénétrant la matière augmente et multiplie les forces du feu naturel.

Mais il suffit que nous ayons indiqué ici comment la théorie se rattachait à la pratique ; nous ne nous occuperons pas davantage du feu artificiel,

---

1. « Mais crois moi, mon fils, dit saint Thomas d'Aquin, tout notre mystère consiste seulement dans le régime et la distribution du feu et dans la direction intelligente de l'Œuvre. » *Saint Thomas d'Aquin. Traité sur l'art de l'Alchimie.* Paris, 1898. Ch. III.

mais en revanche nous reporterons toute notre attention sur ce feu naturel, cet esprit igné dont nous venons de signaler la présence dans les mixtes :

« La matière réduite à quatre éléments ne constitue pas une réalité vraie et organisée ; il faut une cinquième essence qui leur permette de s'aggréger et de se former, de se lier et de s'unir, parce qu'elle a pour effet de contenir et d'envelopper, et c'est alors seulement que le corps peut être visible, c'est-à-dire avoir une couleur » (1).

Cette quintessence, ce feu naturel sont évidemment identiques à la Semence dont nous avons signalé la présence à côté des Eléments.

L'union de la Semence et des Eléments se manifeste par le mouvement, l'étendue et la corporéité ; le mixte apparaît alors sur le plan physique.

Mais avant d'envisager la Semence dans son union avec les Eléments, il est indispensable que nous l'examinions séparément et que nous apprenions à connaître ses propriétés, à distinguer les qualités qu'elle confère au mixte.

La médiation de l'Ether (2) a pour résultat, avons-

---

1. Chaignet. *Pythagore et la phil. pythagoricienne.* T. II, p. 120. Paris, 1873.

2. « Premièrement l'influence céleste par la volonté et commandement de Dieu, descend d'en haut et se mêle avec

nous dit, de substituer à la Forme et à la Matière deux nouveaux facteurs, la Semence et un milieu chaotique.

Ainsi se constituent vis-à-vis l'une de l'autre une *unité* et une *multiplicité* nouvelles, entre lesquelles s'établit un rapport qui a pour résultat de différencier les Eléments, jusque là confondus, et de leur imprimer le mouvement de transmutation dont nous nous sommes occupé.

La Semence, Quintessence ou Feu naturel, est l'agent de cette différenciation et la cause du mouvement.

Aussi les Alchimistes opposent-ils la Semence aux Eléments, celle-ci tenant particulièrement du Principe formel, ceux là au contraire se rattachant au Principe matériel.

Mais quand on étudie les ouvrages de nos Philosophes il est nécessaire de savoir distinguer ce qui se rapporte à la Semence proprement dite, considérée comme principe formateur, et ce qui est relatif à la Semence sensible.

L'une spirituelle confère à chaque chose sa forme et ses propriétés et doit être considérée comme la cause de ses mouvements et de son action.

---

les vertus et propriétés des astres ; de leur mélange il se forme comme un tiers entreterrestre : ainsi est fait le principe de notre *Semence*.

Basile Valentin. *Les douze clefs de philosophie*. Paris, 1659.

L'autre est le résultat de l'intégration de la première et constitue une sorte de mixte dont nous devons brièvement nous occuper.

Nous avons déjà dit que dans l'étude que nous nous proposons de faire de la génération des mixtes appartenant au règne minéral nous bénéficierions en quelque sorte de certains avantages qui découlent de ce fait que ces mixtes occupent la partie inférieure de l'échelle évolutive des êtres.

Il en résulte, en effet, que dans ce cas particulier tout ce que nous avons dit du processus général demeure applicable.

Si nous avions eu au contraire à nous occuper d'êtres plus évolués il eût été indispensable d'accorder une grande importance au mode suivant lequel ils transmettent à leurs descendants les résultats acquis.

Cependant, ainsi que le lecteur pourra en juger ultérieurement, il y a utilité, sinon au point de vue de la nature, du moins au point de vue de l'art, à examiner ce que les alchimistes pensent de la Semence sensible.

Les formes spécifiques, dit d'Espagnet, ont été données aux premiers individus par Dieu au moment de la création et la génération est destinées à assurer leur conservation par la transmission qui s'en fait alors des individus à leur descendance.

La semence constitue en quelque sorte le véhicule par lequel s'opère cette transmission et il convient d'observer que ce véhicule, suivant l'expression des alchimistes, est un véritable petit monde (microcosme) dont la constitution est triple.

Dans la semence sensible on trouve en effet :

1º Une partie céleste principe de l'action, du mouvement, de la génération et de la vie.

2º Une partie élémentaire, corporelle et sensible, gardienne et enveloppe de la Semence; qui pourrit et se corrompt au temps de la germination; elle prend souvent dans le langage alchimique le nom de sperme.

3º Enfin une partie moyenne, humeur radicale ou ferment de la nature, à laquelle l'esprit adhère et qui constitue le lien des parties célestes et élémentaires. Cette dernière tient par sa partie matérielle aux éléments et par sa partie spirituelle à la forme; elle est semblable à l'aurore qui unit la lumière et les ombres.

La Semence est le principe vital renfermant en soi les esprits mécaniques ou puissances vitales au moyen desquels elle fabrique son corps dès qu'elle est sur le point de se développer sur le plan phénoménal et de paraître sur la scène du monde.

C'est d'elle, en tant que principe formel reflet des Idées qui composent le monde supérieur, que proviennent la figure, la grandeur, les couleurs, les saveurs, et enfin toutes les qualités et signatures du mixte qui parcourt le procès de la génération.

Cette Semence s'organise un corps ou plutôt ce dernier est le résultat d'une activité simultanée de la Semence et des Eléments. Ceux-ci ayant éveillé et échauffé la Semence, celle-là à son tour organise les Eléments et en fabrique le corps.

En tout cas les Eléments que la Semence s'approprie ne sont pas ceux-ci en tant que principes généraux, élémentants, mais une sorte de spécialisation, élémentés, qui s'harmonise avec la Semence dans des limites qui varient suivant l'accord ou le désaccord des influences célestes.

Les formes naturelles des choses qui existent en puissance dans les Semences, ne tirent pas leur substance des éléments et ne sont pas engendrées par eux. Elles proviennent d'une source plus noble, leur origine est céleste. Leur père suivant d'Espagnet est le soleil et le lien qui les attache à la matière est l'Ether.

La formation des semences est particulièrement intéressante, dans le règne animal et dans le règne végétal où il est plus facile de l'observer, mais il est aisé, au point de vue alchimique, de percevoir l'analogue parmi les minéraux.

Il appartient au corps, disent les philosophes, par le fonctionnement harmonieux des organes, de disposer la matière séminale et d'y inclure le rayon de lumière et l'étincelle de vie qui ultérieurement sera la source d'une forme. Ils impriment alors à cet esprit vivifiant caché dans la semence son caractère spécifique qui, dans l'œuvre de la génération, se développe comme âme. Ce qui était esprit secret et formel dans la semence deviendra alors forme dans le mixte, et ce qui était occulte deviendra manifeste, passant ainsi de puissance en acte.

Cependant la forme ne provient pas uniquement de la seule puissance et vertu de la semence ou de la matière.

Les vertus célestes, et il faut entendre par là les vibrations et radiations qui émanent des corps planétaires et solaires, viennent augmenter et multiplier les vertus de la semence.

Elles s'insinuent et se mêlent à l'esprit formel et séminal inclus dans la matière et lui adjoignent ainsi des forces auxiliaires.

Dans le règne minéral les choses se passent d'une manière analogue, mais, pour différentes raisons, il est assez difficile de saisir l'acte primitif qui, en raison de la place occupée par les métaux et les minéraux à la partie inférieure de l'échelle évolutive des êtres, est très voisin des origines. D'autre part, de l'avis de tous les alchimistes, la génération des métaux ne s'effectue pas spontanément dans la nature et, comme nous l'avons dit, le propre de l'art est précisément de remédier à cette imperfection.

« Mineralia simpliciter existere, nec vivere creduntur ; licit metalla ex mineralibus præcipua vita quodammodo predita dici possint, tum quia in ipsorum generatione sit quasi coitus, et duplicis seminis, masculei et fœminei, sulfuris scilicet et mercurii commixtio, quæ duo per longam et multiplicem circulationem rotata, purgata, sale naturæ condita et fermentata, ac in vapore subtilissimo perfecte mixta in limum et mollem massam, spiritu sulfuris mercurium paulatim congelante, formantur ; moles autem illa tandem concrescit, et in corpus metallicum roboratur » (1).

Les métaux peuvent se reproduire car ils renferment en eux tout ce qu'il faut pour cela, mais cependant, cette reproduction ne s'effectue pas dans la nature parce que les conditions extérieures s'y opposent. Si nous employons la terminologie moderne nous dirons que les métaux peuvent prendre naissance, soit par génération spontanée, soit par génération sexuée.

Dans le premier cas le phénomène est trop éloigné de nous pour que nous puissions l'observer, et c'est à peine si nous pouvons atteindre la matière sous un état très voisin de la forme originelle, et dans le second, l'opération ne s'effectue que si l'Art intervient très habilement pour utiliser des ressources que la nature met à sa portée, mais dont elle est impuissante à tirer parti par elle-même.

1. *Enchiridion physicæ restitutæ*. Colon. Allobrog., 1673, p. 111.

Le Cosmopolite nous donne à ce sujet une explication fort curieuse : L'Or, dit-il, ne produit pas spontanément une semence parce qu'il ne réussit pas à mûrir à cause de la crudité de l'air. Considérez les orangers de Pologne, vous les voyez croître aussi bien que les autres arbres, mais ils ne donnent pas de fruits. En Italie, au contraire, non seulement ils croissent, mais en outre ils fructifient parce que la chaleur est suffisante. Si dans le premier cas on aide la Nature, soit en arrosant les arbres avec de l'eau tiède, soit en les enfermant dans des serres, l'art parfait ce que la nature n'aurait pu achever. Or la même chose arrive aux métaux, et si un artiste sait aider et pousser la Nature, l'Or peut porter fruit et semence par laquelle il se multiplie ».

TROISIÈME PHASE

Soufre. — Sel. — Mercure.

Nous voici parvenus à la dernière phase du processus générateur ou plutôt au dernier point de vue sous lequel nous l'envisageons.

Après avoir contemplé les Principes premiers des choses et étudié la loi suivant laquelle s'effectue leur union il nous reste à examiner le résultat de leur activité, cette trinité de Principes seconds que les alchimistes ont nommé le *Soufre*, le *Sel* et le *Mercure*, et qu'ils considèrent comme le substrat immédiat des accidents, comme la matière prochaine, sur laquelle l'Artiste doit opérer.

Nous ferons observer tout d'abord, comme nous l'avons déjà fait pour les Eléments, que ces Principes ne sont pas les substances vulgaires connues sous ce nom, mais que ces épithètes leur ont été attribuées en raison d'une certaine analogie qui existe entre leurs propriétés et celles des corps que l'on désigne communément sous le nom de mercure, de soufre et de sel.

Ces trois principes que l'anonyme de la *Lettre philosophique* appelle « Principes hypostatiques » ont, au dire du Cosmopolite, « une même origine et un commencement égal. »

Ils constituent la « matière prochaine » non seulement de tous les mixtes, mais aussi de l'Élixir, et c'est pour cette raison que nous voyons le Cosmopolite et Kunrath décrire de la même manière l'un la génération du Sel (1), l'autre celle de la Pierre.

En raison de leur origine ces trois principes participent aux vertus de la semence, mais en même temps chacun d'eux adhère très étroitement à deux éléments.

---

1. On peut s'étonner qu'après avoir attribué un commencement égal aux trois principes, le Cosmopolite ne parle ici que du Sel.

Or, lorsqu'il déclare que l'Esprit du monde engendre le Sel central dans le centre des Eléments par les influences des Astres, il envisage surtout dans la matière prochaine, suivant l'expression de Kunrath, « un corps vrai et tombant sous les sens ».

La constitution ternaire de cette matière prochaine ne saurait d'ailleurs être mise en doute puisque lui-même a soin de nous avertir que ce Sel contient en soi le Soufre et le Mercure.

Mais, en raison du point de vue spécial auquel il se place, il est juste de dire que le Sel « est un troisième être qui donne le commencement aux minéraux ». Suivant lui, ce Sel, à sa naissance, n'a pour mère qu'une impression de Saturne qui le restreint et le rend compact, et dont est formé le corps de tous les métaux.

Dans tout Soufre il y a du Feu et de l'Air, dans tout Mercure de l'Air et de l'Eau, comme dans tout Sel de l'Eau et de la Terre. On ne peut pas dire cependant qu'ils résultent du mélange des Eléments bien qu'ils soient inséparables de ces derniers, et nous allons voir comment les Alchimistes expliquent leur origine.

Après que les Eléments eurent été constitués, dit le Cosmopolite, chacun se mit à agir sur l'autre : « Le feu commença donc d'agir contre l'air, et de cette action le Soufre fut produit ; l'air pareillement commença à agir contre l'eau, et cette action a produit le Mercure. L'eau aussi commença à agir contre la terre, et le Sel a été produit de cette action. Mais la terre ne trouvant plus d'autre Elément contre qui elle pût agir, ne put aussi rien produire, mais elle retint en son sein ce que les trois autres Eléments avaient produit : c'est la raison pour laquelle il n'y a que trois Principes, et que la terre demeure la matrice et la nourrice des autres Eléments » (1).

Avant d'aller plus loin nous ferons observer que l'ordre dans lequel les Eléments agissent les uns sur les autres, en cette circonstance, est inverse de celui que nous avons signalé dans l'évolution des choses.

1. *Cosmopolite ou nouvelle lumière chimique*, in-12, Paris, 1669.

Mais si, comme nous le disions, chacun des Principes adhère étroitement à deux Eléments, il existe un rapport beaucoup plus intime entre eux et la Semence. Suivant l'expression des alchimistes les Eléments sont plus matériels, les Principes au contraire sont plus formels.

Et il n'est pas inutile de rappeler le rapport que la symbolique des nombres établit entre le 3 et le 4 considérés respectivement comme nombres des Principes et des Eléments.

Le 3 est l'essence des choses physiques. Comme nombre du triangle il représente la forme informante. De ce fait que tous les corps peuvent se résoudre en triangles, les Pythagoriciens concluaient que le triangle est le principe de toute génération et de la forme de toute chose engendrée.

Platon, dans le Timée, soutient que les raisons de l'être physique et de la *mise en œuvre des Eléments* sont triangulaires.

Pour ce qui est de la relation que nous avons signalée entre les trois Principes et les quatre Eléments, on remarquera que Philolaüs attribuait l'angle du triangle à quatre Dieux : Cronos, Hadès, Arès et Bacchus, qui symbolisent le quadruple arrangement des Eléments.

Par contre l'angle du Tétragone était attribué à trois déesses : Rhéa, Demeter et Hestia, déesses génératrices des êtres vivants, car elles communiquent à la terre ses forces génératrices et sa fécondité puissante.

De même on constate que les principes alchimiques présentent une étroite union du ternaire et du quaternaire, et ce fait ne doit pas nous surprendre puisqu'ils sont la matière prochaine de ces mixtes, de ces êtres physiques, dont les précédents symboles fixaient la composition suivant la philosophie antique.

A ce propos nous croyons utile d'attirer l'attention du lecteur sur une partie généralement ignorée et fort intéressante de l'Œuvre de Montereggio (1).

Considérant le *rythme* et le *type* comme exposants du mouvement et des formations de la vie dans le temps et dans l'espace, il leur attribue deux périodes, l'une *triadique*, l'autre *tétradique*, qui auraient été connues par Hippocrate sous le nom de *periodus singularis* et *periodus universalis*.

Or l'auteur de la mathèse établit un rapport entre cette conception et ce que nous disions précédemment de la pénétration réciproque du ternaire et du quaternaire dans les êtres sensibles, et il fait observer que la signification de ces périodes s'est trouvée annulée « lorsqu'on a considéré

---

1. Jean Malfatti de Montereggio. *Etudes sur la mathèse*, in-8. Paris, 1849.

la période tétradique dans l'équivalence inerte du carré et la triadique dans celle du triangle, où, comme cela devait être naturellement, la vie les a toutes deux abandonnées ».

Le lecteur saisira toute l'importance de cette remarque si nous ajoutons que Montereggio considère que le procès est à l'égard du dualisme sexuel originel son ternaire, et que la période tétradique, *periodus universalis* d'Hippocrate, se retrouve dans la division quaternaire de l'année, du mois et du jour.

Il nous reste à déterminer maintenant quel est en cette occurrence le rôle spécial de chacun de nos Principes.

Paracelse déclare que tout métal est composé d'une âme, d'un esprit et d'un corps, et qu'il faut entendre par là le Soufre, le Mercure et le Sel des Philosophes.

« Et de cette sorte, dit à son tour le Cosmopolite, tu trouveras en chaque composé physique, dans ces trois principes, un corps, un esprit et une âme cachée ».

Sans établir un rapport aussi précis D'Espagnet prétend de son côté que les choses physiques renferment trois principes possédant une certaine relation avec les Eléments et qu'il dénomme également corps, esprit et âme.

Ainsi considérés le Soufre, le Sel et le Mercure représentent, suivant l'expression de Basile Valentin, l'Ame, l'Esprit et le Corps métalliques, c'est-à-dire ces trois choses qui constituent le métal et qu'il faut développer en régissant et gouvernant les Eléments au moyen du feu et suivant certaines règles.

Au sujet des correspondances que certains auteurs modernes ont cherché à établir entre le Soufre et l'Ame, le Mercure et l'Esprit, le Sel et le Corps, nous devons présenter maintenant quelques objections.

De l'avis de tous nos Philosophes les anciens ne considéraient que deux principes des corps : le Soufre et le Mercure, le Principe mâle ou formel, et le Principe femelle ou matériel. C'est à Paracelse qu'on attribue généralement l'adjonction du Sel comme troisième Principe, et tous les auteurs qui l'employèrent après lui considèrent ce troisième Principe comme servant d'intermédiaire et de lien aux deux autres.

Jean-Baptiste Fayol, en particulier, déclare que : « Tous les corps ne sont composés que de deux choses différentes, dont l'une sert de matière et l'autre de forme, savoir l'eau et le feu, le mercure et le soufre, le sel n'étant autre chose que le terme où ces deux principes s'unissent ensemble » (1).

Ainsi non seulement il est évident que les deux premiers principes ont dû nécessairement correspondre à l'âme et au corps des choses, mais en

1. J. B. Fayol. *L'harmonie céleste*. Paris, 1672.

outre il est manifeste que dès que l'on a fait usage du Sel comme troisième principe il a eu pour fonction d'unir le Soufre et le Mercure et par conséquent de jouer un rôle identique à celui que remplit l'Esprit entre l'âme et le corps.

D'ailleurs Robert Fludd déclare formellement que le minéral est un être animé qui se compose d'une âme et d'un corps, que les Alchimistes désignent sous le nom de Soufre et de Mercure.

Il était intéressant de rectifier ce point de la doctrine alchimique pour faciliter au lecteur la compréhension de certains textes, du *Traité du sel*, en particulier.

Ainsi le métal, perfectible dans ces trois principes immédiats, nous apparaît constitué d'une âme, d'un esprit et d'un corps, c'est-à-dire de Soufre, de Mercure et de Sel.

Si l'on considère ce qu'en disent nos Philosophes, et en particulier Basile Valentin, on doit admettre que non seulement chacun de ces principes est susceptible de recevoir un développement particulier, mais encore que leurs développements ne sont pas nécessairement parallèles.

C'est ainsi que, suivant l'auteur des *Douze clefs de Philosophie*, l'argent renferme un Mercure particulièrement parfait, alors que le cuivre et le fer se distinguent par l'excellence l'un de son Soufre, l'autre de son Sel.

Le métal tel qu'il nous apparaît est la résultante

sur le plan phénoménal du développement particulier de chacun des trois principes dont la mixtion le constitue.

Il représente un moment déterminé de ce procès qui prend son origine dans notre antithèse primitive, Forme et Matière, et exprime les résultats acquis par cette « vis activa » que Leibnitz, affilié à la confrérie des Rosenkreuzer, plaçait entre la matière ou puissance et la forme fixe ou acte, comme quelque chose tendant à l'acte proprement dit.

Bien que, d'après les Alchimistes, les trois principes représentent respectivement l'âme, l'esprit et le corps métalliques, ils contribuent tous les trois à donner au mixte ses propriétés physiques.

Suivant Paracelse, le Soufre détermine la corporéité, le Mercure la propriété ou vertu, et le Sel la congélation et l'assemblage (1).

Le même auteur déclare en un autre endroit qu'il faut attribuer au Sel la couleur, le baume et l'assemblage ; au Soufre le corps et la substance ; au Mercure les vertus, les forces et les arcanes.

---

1. « Hinc sequitur, tria tamen assumenda esse. quæ minerale quodlibet ad finem suum perducunt. Hæc sunt Sulphur, Sal et Mercurius. Hæc tria omnia perficiunt. Primo enim opus est corpore, in quo instituatur fabricatio. Hoc est Sulphur. Deinde necessaria est proprietas seu virtus. Hæc est Mercurius. Denique requiritur compactio, congelatio, coadunatio. Ea Sal est ».

Paracelse. Opera omnia. De mineralibus, p. 346.

Séverinus considère le Sel comme étant le principe qui donne la solidité et la consistance ; par sa substance copieuse, grasse et visqueuse, le Soufre tempère la congélation produite par le Sel ; enfin le Mercure par sa fluidité vient faciliter la mixtion.

D'autres auteurs enfin attribuent la coloration au Soufre et la sonorité au Mercure, et nous pourrions allonger ces citations si notre intention n'était pas de nous borner à établir la correspondance des trois Principes avec les seuls caractères physiques par lesquels se manifeste le mixte.

Or il est assez curieux que la théorie de *Becher* et de *Stahl* (1) fournisse à ce point de vue des notions précises et assez exactes. Il est vrai que l'inventeur du Phlogistique, Becher, était Alchimiste très pratiquant et que son système se différenciait fort peu de l'Hermétisme.

C'est ainsi que nous le voyons décrire sous le nom de *Terres vitrifiable, inflammable* et *mercurielle,* trois principes constitutifs des métaux auxquels il eut été plus simple de conserver les noms de Soufre, Sel et Mercure.

La *Terre vitrifiable* (Sel) est la base du métal : elle lui donne de la consistance, du poids et de la dureté.

---

1. Stahl. *Fundamenta Chymiæ dogmaticæ et experimentalis,* etc. Norimb. 1723.
Becher. *Physica subterranea profundam subterraneorum genesin, e principiis hujusque ignotis ostendens.* Lipsiæ, 1738.

La *Terre inflammable* ou *phlogistique* (Soufre) lui donne la couleur.

Enfin la *Terre mercurielle* (Mercure) rend le métal ductile et malléable.

Chacune de ces Terres, à l'exemple de nos Principes, ne représente pas une matière invariable et toujours identique, mais peut affecter diverses modifications et revêtir des caractères variés.

Mais il est assez vraisemblable que Becher a eu tort d'envisager les corps à l'état métallique, c'est-à-dire à l'état de régules, alors que ses devanciers avaient en vue des corps vivants et possédant en eux le Sel philosophique.

Aussi verrons-nous plus tard Baron, le savant commentateur de la Chymie de Lémery, édition de 1756, réfuter facilement l'existence de ces principes en s'appuyant sur ce fait qu'il n'existe aucun métal dont on puisse les extraire.

Une conception nouvelle des corps simples et des corps composés commence, en effet, à se répandre, et on voudrait considérer le Soufre, le Sel et le Mercure à la manière dont on envisagera plus tard les éléments chimiques.

Or il est évident qu'ainsi conçue la constitution ternaire des mixtes est totalement erronée, et que c'est en vain qu'on cherchera à isoler d'un corps quelconque trois principes qui par définition contribuent à le réaliser sur le plan physique.

Lémery, qui était contemporain de Becher, et qui

fut en son temps une sorte de vulgarisateur, nous offre un bien remarquable exemple de l'usage abusif qu'on voulut faire des trois Principes de l'Hermétisme, et qui conduisit plus tard à les rejeter.

« Le premier principe, dit-il, qu'on peut admettre pour la composition des mixtes, est un esprit universel, qui, étant répandu partout, produit diverses choses selon les diverses matrices ou pores de la terre dans lesquelles il se trouve embarrassé ; mais comme ce principe est un peu métaphysique et qu'il ne tombe point sous les sens, il est bon d'en établir de sensibles » (1).

Ces principes sensibles, que l'on découvre en analysant les mixtes, sont au nombre de cinq : L'*esprit* (Mercure), l'*huile* (Soufre) et le *Sel*, qui sont actifs ; l'*eau* (phlegme) et la *terre* (terre morte ou damnée) qui sont passifs.

Et pour qu'on ne puisse se méprendre sur la manière dont il conçoit ces principes Lémery déclare que la Chymie est « *l'art qui enseigne à séparer les différentes substances qui se rencontrent dans un mixte.* »

---

1. Il est surprenant après ça que Lémery ait refusé d'admettre la réalité de l'Alchimie.

D'autant plus qu'il dit ailleurs : « J'entends par les mixtes, *les choses qui croissent naturellement*, à savoir *les minéraux, les végétaux et les animaux.* »

Il apparaît nettement que si Lémery et les alchimistes emploient les mêmes termes ils diffèrent complétement sur la nature des principes auxquels ils les appliquent.

Nous n'insisterions pas sur ce fait s'il n'avait eu pour conséquence de faire naître une confusion fâcheuse dans l'esprit des savants qui ont abordé l'étude des théories alchimiques.

La plupart, en effet, ont été trompés par cette ressemblance apparente et ont critiqué, sous le nom d'Hermétisme, le système de Lémery et de ses contemporains, c'est-à-dire un système qu'il est particulièrement aisé de réfuter, car il est incapable de supporter la critique des faits.

Nous aurons occasion de revenir ultérieurement sur ce sujet, et de démontrer que cette conception erronée de la nature du Soufre, du Sel et du Mercure a préparé l'avènement de l'« alchimie atomique », aux dépens de la doctrine primitive.

Nous présenterons maintenant quelques observations sur les rapports qu'on peut établir entre la théorie et la pratique.

Précédemment nous avons considéré :

1. Les principes premiers ;
2. Le mouvement suivant lequel s'effectue leur identification ;
3. La matière seconde qui en est la résultante et qui supporte directement les accidents.

Désormais nous devrons concentrer toute notre

attention sur les Principes alchimiques et en particulier sur le Soufre et le Mercure.

« Car comme les éléments ont produit les trois principes, dit le Cosmopolite, de même en diminuant il faut que ces trois en produisent deux, savoir le mâle et la femelle ; et que ces deux en produisent un qui soit incorruptible, dans lequel ces quatre éléments doivent être anatiques, c'est-à-dire également puissants, parfaitement digérés et purifiés, et ainsi le quadrangle répondra au quadrangle. »

Cependant que le lecteur veuille bien comparer attentivement ce que nous avons dit précédemment avec ce que nous aurons à dire dans la suite, et il reconnaîtra qu'il existe une relation intime entre les trois phases que nous avons considérées dans la génération du mixte et les trois points essentiels de la pratique, qui sont :

1° La composition de la matière ;

2° Le régime suivant lequel s'effectue sa coction ;

3° Les signes extérieurs par lesquels se manifeste son évolution.

CHAPITRE III

LES FAITS

Justification de la théorie alchimique par l'observation des phénomènes géologiques.
Evolution naturelle du Règne Minéral.

Les Alchimistes s'attardent peu à décrire les phénomènes cosmogoniques et en particulier la genèse de notre globe.

Leurs recherches acquièrent rapidement un but pratique, et ils apportent toute leur attention à connaître la formation de l'écorce terrestre et à saisir le processus suivant lequel s'effectue la génération du métal dans le sein de la terre.

Il est évident qu'ils ne se sont pas contentés de spéculations, et qu'ils ont attribué une grande importance à l'observation des faits, mais c'était plutôt pour y trouver les éléments d'une mise en pratique que pour en tirer la preuve et la démonstration de leur théorie générale.

Nous les voyons accomplir des voyages lointains et ne reculer devant aucune dépense, ni aucune fatigue lorsqu'il s'agit d'étudier sur place la nature de certains gisements et de déterminer les conditions dans lesquelles ils ont pris naissance.

Mais s'ils agissent ainsi ce n'est pas en théoriciens désireux d'étayer leur système, mais en praticiens qui veulent savoir comment et avec quoi la nature opère.

Leurs observations ont surtout pour but de déterminer les relations qui existent entre les terrains et les gîtes métallifères qu'on y découvre, et il faut reconnaître qu'ils se montrent très discrets sur le résultat de leurs recherches. Quand ils en parlent c'est en termes voilés et allégoriques et encore ne formulent-ils que des généralités peu compromettantes.

Incidemment ils constatent que les faits viennent à l'appui de leurs idées, mais ils n'attachent aucune importance à cette constatation, car ils ne sauraient admettre que la génération des métaux, l'évolution à travers l'écorce d'une substance primordiale, puissent être mises en doute et qu'il soit nécessaire de chercher dans le sein de la terre des arguments à l'appui de cette thèse.

Depuis, les conditions ont quelque peu changé; aussi n'imiterons-nous pas leur réserve, non pas tant pour amener le lecteur à partager leurs idées que pour démontrer que ceux dont nous avons pris la défense ont eu des phénomènes géologiques une connaissance profonde bien différente de cette ignorance qu'on leur impute généralement.

On considère actuellement qu'après avoir pris naissance par condensation notre planète était à l'état de fusion ignée. Plus tard un premier refroidissement a déterminé la formation, à sa surface, d'une croûte solide dont l'épaisseur a augmenté peu à peu par suite de la persistance du froid. Enfin la température étant devenue assez basse les vapeurs aqueuses se sont condensées à la surface du globe terrestre.

M. De Launay suppose qu'avant la première consolidation il s'est effectué une répartition des corps simples que nous connaissons entre le centre et la périphérie de la terre (1) :

« La terre, dit-il, peut, en effet, être assimilée à un élément de pile, dans laquelle, avant la consolidation, se sont portés : à la périphérie, les éléments à la fois électro-négatifs et légers, tels que l'oxygène et l'azote de l'atmosphère ; au centre, les éléments électro-positifs et denses, tels que les métaux, le carbone, et, peut-être, l'hydrogène. »

Puis la consolidation s'est produite et l'écorce terrestre, formée en majeure partie de silicates, a pris naissance entre ces deux groupes de corps.

---

1. De Launay. *Formation des gîtes métallifères*, p. 11 Paris (s. d.)

Suivant M. Velain, cette croûte solide s'est formée « à la manière de ces écumes scoriacées que nous voyons se produire à la surface des bains de métal en fusion, dans les coulées des hauts fourneaux (1). »

Dès que le refroidissement a été suffisant les vapeurs aqueuses se sont condensées, et l'écorce terrestre a commencé de s'accroître et de se transformer sous l'influence des agents intérieurs et des agents extérieurs.

Pendant que l'activité du noyau interne continuait à se manifester, les éléments extérieurs commençaient à remanier et à modifier les premières assises de la croûte solide.

D'après la théorie de M. De Launay nous devons considérer qu'à cette époque primitive les métaux, pour n'envisager qu'eux, sont restés à l'état de fusion ignée et qu'en compagnie du carbone et peut-être de l'hydrogène ils constituent le noyau interne de notre planète.

En conséquence tous les métaux que l'on rencontre dans les entrailles de la terre proviennent de ce noyau interne.

Or les alchimistes attribuent aux métaux la même provenance avec cette différence qu'ils n'admettent point que les métaux existent complètement formés au centre de la terre, mais considèrent

1. Velain. Cours de géologie. Paris 1885.

qu'en cet endroit se place le point de départ de leur genèse évolutive.

Une activité très curieuse des Eléments se manifeste à l'égard du centre du globe et fournit à l'Archée un substrat sur lequel s'exerce sa puissance élaboratrice et qu'il élimine ensuite vers la surface.

Cette *matière primordiale* à laquelle ils attribuent différents noms devra nécessairement retenir notre attention, mais auparavant il est indispensable que nous passions en revue quelques-unes des principales descriptions qu'ils nous ont laissé de son mode de formation :

« Chaque Elément est très prompt à produire de lui-même les choses qui lui sont semblables dans sa sphère. Tous les quatre ne se reposent jamais, mais agissent continuellement l'un sur l'autre. Chacun émet ce qu'il a de plus subtil, et tous se réunissent dans le centre. Là habite l'Archée, serviteur de la Nature qui après avoir mélangé ces spermes les rejette au dehors » (1).

Le passage suivant que nous empruntons également à l'auteur du *Novum Lumen Chemicum* explique plus nettement comment il faut entendre cette opération : « Les quatre éléments engendrent le sperme par la volonté de Dieu et par

---

1. *Cosmopolite ou nouvelle lumière chimique*. Paris, 1669, p. 13.

l'imagination de la nature ; car de même que le sperme de l'homme a son centre ou réceptacle de sa semence dans les reins, ainsi les quatre éléments par un mouvement indéfini (chacun selon sa qualité) projettent leur sperme au centre de la terre où il est digéré, puis poussé dehors par le mouvement. Quant au centre de la terre c'est un certain lieu vide où rien ne peut reposer (1) ».

A proprement parler c'est sur le bord de ce lieu vide que les éléments projettent leurs qualités ; et la force *Magnétique* et *Aymantine* attirant à elle ce qui est propre à engendrer quelque chose rejette le résidu sous forme de pierres et d'autres excréments (2).

Il est curieux de constater qu'en cette circonstance nos Philosophes sont d'accord avec les géologues modernes, et que les uns et les autres attribuent la même composition à la première formation de l'écorce. Pierres et excréments sont évidemment synonymes d'écumes scoriacées.

Dans une deuxième phase l'Archée sublime vers la superficie le résultat de son élaboration ; c'est un vent qui en traversant les pores de la terre se résout en une eau dont naissent toutes choses :

« Postquam quatuor elementa virtutes suas pro-

1. *Cosmopolite ou nouvelle lumière chimique.* Paris, 1669, p. 10.
2. Cf. *Turba Philosophoram*, p. 369 (Le livre d'art chimique d'un auteur incertain, Cap. I).

jecerunt in terræ centrum, Archœus distillando sublimat calore motus perpetui in terræ superficiem : est enim terra porosa, et ventus stillando per poros terræ resolvitur in aquam, ex qua res nascuntur omnes » (1).

Dans un autre endroit le Cosmopolite déclare que sous l'influence de l'Archée de la nature les Eléments projettent au centre de la terre une vapeur d'eau pondéreuse qui est la semence des métaux. Cette vapeur qui est appelée Mercure à cause de sa fluidité, est également comparée au Soufre par suite de sa chaleur interne, et après la congélation elle constitue l'humide radical :

« Semen metallorum vere et realiter ipsis est inditum : generatio autem ejus ita sit. Quatuor Elementa in prima operatione naturæ stillant, per Archœum naturæ, in terræ centrum vaporem aquæ ponderosum, qui est metallorum semen, et dicitur mercurius propter ejus fluxibilitatem et uniuscujusque rei conjunctionem, non propter essentiam, assimilatur Sulphuri propter internum calorem ; et post congelationem est humidum radicale » (2).

Du Val décrit un processus identique et insiste davantage sur cette intervention de l'Esprit universel qui paraît être la cause déterminante de l'activité Elémentaire :

1. *Novum lumen chemicum.* Cologne. 1673, p. 13.
2. *Id.*, p. 23.

« La génération des métaux, dit-il, se fait comme il s'en suit : l'Esprit universel se mêle à l'Eau et à la Terre et on tire un esprit gras qu'il distille dans le centre de la terre, pour le rehausser de là, et le placer dedans sa matrice convenable, où il se digère en Mercure, accompagné de son Sel et de son Soufre, dont ensuite se forme le métal ; ce qui se fait quand la teinture cachée dans le mercure se montre et vient à naître, car alors le mercure se trouve congelé et changé en métal » (1).

On peut éprouver quelque surprise de voir cet auteur ne mentionner que deux Eléments, l'Eau et la Terre, mais cela tient à la façon dont nos Philosophes usent du symbolisme.

De même qu'en certains cas ils opposent le Feu à l'Eau, les prenant comme images de l'activité et de la passivité universelles, en d'autres circonstances comme ici, ils réunissent l'Eau et la Terre pour symboliser l'élément passif et féminin de la création.

Cette manière de faire s'inspire manifestement de la Genèse de Moïse, et il suffira de parcourir le premier chapitre de la Bible pour s'en rendre compte.

Mais il faut établir une distinction entre les Eléments ainsi considérés et le quaternaire élémen-

---

1. *Lettre philosophique.* Paris, 1671.

taire dont nous nous sommes occupé précédemment.

Nous nous trouvons en quelque sorte devant deux symbolismes qui pour se servir des mêmes mots ne leur attribuent pas la même signification, et comme les alchimistes les emploient volontiers tous les deux, parfois même simultanément, il faut éviter de les confondre.

C'est ainsi qu'il est bien difficile d'entendre le Cosmopolite lorsqu'il parle, en certains endroits, de la matière première des métaux si on ne tient pas compte de cette observation :

« Prima metallorum materia duplex est, sed una sive altera metallum non creat. Prima et principalis est humidum aeris caliditate mixtum : hanc Philosophi Mercurium nominarunt, qui radiis Solis et Lunæ gubernatur in mari philosophico; secunda est terræ caliditas sicca, quam vocarunt Sulphur » (1).

Pourtant l'auteur du *Novum lumen chemicum* est un de ceux qui ont exposé très fidèlement la théorie des quatre Éléments. Nous n'en dirons pas autant de d'Espagnet qui cède trop souvent au désir de faire concorder sa doctrine avec l'enseignement des *Livres Saints*.

Ceci posé revenons à la genèse de cette matière primordiale dont naissent au gré des circonstances les différents métaux.

1. *Novum lumen chemicum.* Cologne, 1673, pp. 10 et 11.

Nous avons pu remarquer que nos Philosophes attribuent différents noms, soit au résultat de l'activité des Éléments, soit à la matière que l'archée de la nature sublime vers la superficie de la terre.

Si nous nous reportons à ce que nous avons dit précédemment les termes dont ils se servent peuvent nous paraître quelque peu contradictoires; il est donc indispensable que nous cherchions à établir un rapport entre leurs théories et l'interprétation qu'ils donnent des phénomènes géologiques.

C'est ainsi que lorsqu'ils déclarent que les Eléments projettent au centre de la terre des vertus, une semence, un sperme, leurs parties les plus subtiles, une lourde vapeur d'eau, etc., etc., il nous semble bien difficile de percevoir la relation qui existe entre ces manifestations et le caractère dynamique du quaternaire élémentaire.

Nous devons remarquer tout d'abord qu'ils établissent une différence entre les *Eléments élémentants* et les *Eléments élémentés*, et qu'ils attribuent à ces derniers la composition des choses.

La nature, dit le Cosmopolite, se fait une semence volontairement ès-Eléments.

Par la volonté de Dieu et l'imagination de la nature, dit-il ailleurs, les Eléments engendrent le sperme.

Dans ce cas les Eléments sont comparés aux

reins (?) de l'homme, lieu et réceptacle de son sperme.

Le centre de la terre où les Eléments projettent leur sperme est au contraire comparé à la matrice de la femme.

Dès que le sperme pénètre dans le centre de la terre il s'effectue une opération analogue à celle que l'on constate lors de la fécondation de la femelle.

Une partie seulement, celle qui est propre à engendrer quelque chose, est attirée et retenue par la force *aymantine* et *magnétique*. Le reste est rejeté au dehors et constituera ces pierres et excréments dont nous avons déjà eu occasion de parler.

L'Archée de la nature qui dans le centre de la terre préside à ces diverses opérations, condense le produit de sa sélection et le sublime enfin vers la superficie de la terre. A partir de ce moment la matière primordiale, sous l'influence du mouvement interne que nous avons signalé, évolue vers le type minéral, mais cette évolution est soumise à certaines conditions que nous examinerons tout à l'heure.

Le Père Kircher qui tout en disant beaucoup de mal des sciences hermétiques, les a étudiées avec le plus grand soin et exposées avec plus de méthode que la plupart de ses contemporains, nous a laissé de cette genèse minérale une description que nous ne saurions passer sous silence.

Non-seulement elle va mettre en évidence les rapports qui existent entre les diverses phases de ce processus géogénique et celles que nous avons envisagées dans la génération du mixte, mais encore elle va nous fournir une notion plus satisfaisante du phénomène physique.

Suivant la tradition Hermétique le P. Kircher distingue une *matière prochaine* et une *matière éloignée*, lorsqu'il analyse la composition des métaux.

La matière éloignée comprend l'influx céleste et le concours des qualités élémentaires.

La matière prochaine ce n'est ni la matière première d'Aristote, ni l'influx céleste, ni les éléments, mais une vapeur et une exhalaison *Sulfuro-sali-mercurielle*.

Cette vapeur, sous l'influence du feu souterrain, se sublime à travers l'écorce terrestre, dans son parcours elle adhère à certaines matrices et par l'effet de la coction se transforme en métal.

« *Materiam proximam* metallorum, non materiam primam Peripateticorum, non stellarum influxum, non elementa, sed *vaporem* et *exhalationem Suphureo-sale-mercurialem* dicimus, quo unice metallica corpora, tanquam ex semine chaoticæ massæ concreato, originem suam nanciscuntur. *Materiam* vero *remotam*, hylen, elementarium qualitatum concursum, influxum stellarum dicimus ; quæ omnia quomodo intelligenda sint, ex sequentibus patebit.

Notandum itaque, in chaotica massa latere succum quendam pinguem salinum elementis congenitum, qui a Subterranei ignis potestate in vaporem actus, per universas Telluris fibras dispersus, ubi matricem invenerit proportionatam, ei adhœreat, idemque longo temporis tractu coctus tandem in metallum glebæ seu matrici terræ appropriatum degenerat » (1).

Alchimistes et géologues sont donc d'accord pour aller chercher dans le centre de la terre l'origine des métaux que nous trouvons dans ses entrailles, et pour attribuer le remplissage des filons à des causes qui dérivent de l'activité interne.

Pour les uns il existe au centre de la terre un noyau lourd, métallique, qui est à l'état de fusion ignée et dont proviennent les métaux.

Pour les autres, au contraire, il se forme continuellement dans ce même endroit une matière primordiale que le feu interne, l'Archée de la Nature, sublime vers la surface, et qui devient susceptible, à mesure que son évolution avance, de donner naissance, par coagulation, à des métaux de plus en plus parfaits.

Pour les premiers tous les métaux préexistent au centre de la terre d'où ils surgissent avec les

---

1. Kircher. *Mundus subterraneus*. Amsterdam, 1678.

roches dont ils imprègnent la masse, et il se produit alors un travail d'analyse chimique et de triage mécanique qui les répartit dans la couche terrestre en gisements spéciaux.

Pour les autres, au contraire, nous assistons à une véritable synthèse ou plutôt, pour employer leurs propres termes, à une génération du métal.

Nous n'avons pas à exposer ici les théories des géologues, ceci nous entraînerait trop loin d'autant plus que ces messieurs ne sont presque jamais du même avis et que ce n'est pas une théorie mais plusieurs qu'il nous faudrait présenter.

Cependant, comme nous allons envisager les faits géologiques et nous livrer à une étude comparative, il est nécessaire que nous ayons quelques notions générales sur les gisements, leur forme et la manière dont on considère actuellement qu'ils ont été formés.

Les gisements se répartissent en trois grandes catégories : gisements stratifiés ou en couches concordantes avec le terrain ; gisements par filons ; gisements en amas (1).

Les premiers ont pris naissance comme tous les sédiments marins ou lacustres au fond de l'eau.

---

1. Cf. De Launay. *Formation des gîtes métallifères.*
Miron. *Gisements miniers.*
Velain. *Cours de géologie.*
Contejean. *Eléments de géologie et de paléontologie*, etc., etc.

Ils sont relativement peu intéressants dans le sujet qui nous occupe et résultent évidemment d'un remaniement de l'écorce terrestre par les eaux superficielles. L'Alchimie admet du reste cette opération secondaire qu'elle attribue elle aussi aux éléments qui sensiblement constituent notre globe. Elle considère que dans les gisements ainsi créés il se produit également un mouvement de croissance, mais cette activité n'est pas comparable à celle que nous étudions.

Les seconds se sont formés par remplissage de fractures, de failles, qui s'étaient produites dans l'écorce terrestre au cours de cataclysmes géologiques.

Les amas, qui constituent la troisième catégorie de gisements, sont, ainsi que leur nom l'indique, des gisements que la roche encaissante englobe de toutes parts.

Si nous examinons comment se sont formés filons et amas, c'est-à-dire, comment le minerai et la gangue qui l'accompagne ont pu être apportés, soit dans les fractures, soit dans des cavités de l'écorce terrestre, nous voyons que le remplissage a pu, suivant l'opinion courante, s'effectuer de trois manières :

1° Par injection ;
2° Par sublimation ;
3° Par circulation d'eaux fortement minéralisées dont le passage a formé des dépôts.

Il va sans dire que cette opinion est celle de la science moderne et non celle de nos Philosophes. Si nous l'exposons ici, ce n'est point pour la signaler à l'attention du lecteur, mais parce que nous aurons tout à l'heure à faire ressortir son insuffisance dès qu'il s'agit d'expliquer par ces procédés la formation de certains gisements métallifères.

Toute autre, avons-nous dit, est la théorie Alchimique qui attribue la formation des gisements au passage à travers l'écorce terrestre d'une matière primordiale d'origine centrale.

Sous l'influence de son feu naturel et du mouvement qu'il détermine, cette matière évolue, ses trois principes se développent, mais cette évolution et ce développement, ou plutôt la coction dont ils sont la conséquence sont subordonnés à la nature des terrains, des matrices auxquels elle adhère.

Lorsque, sous l'influence des agents coagulateurs ou minéralisateurs, elle se congèle sous forme de métal, la qualité de ce dernier est directement proportionnelle à l'évolution qu'elle avait acquise.

« Simili modo e centro terræ *semen vel sperma* a quatuor elementis in centrum projectum ad varia loca transit, et secundum loci naturam naturatur res : si pervenit ad locum terræ et aquæ purum dit res pura » (1).

---

1. *Novum lumen chemicum*, 1873, p. 8.

« Quando enim ex terræ centro sublimatur vapor ille, transit per loca vel frigida, vel calida : si igitur transit vapor per loca calida et pura, ubi pinguedo sulphuris parietibus adhœret, vapor ille, quem Philosophi Mercurium Philosophorum dixerunt, accommodat se et jungitur illi pinguedini, quam postea secum sublimat ; et tunc sit unctuositas, relicto nomine vaporis accipit nomen pinguedinis ; quæ postea veniens sublimando ad loca alia, quæ jam vapor antecedens purgavit, ubi est terra subtilis, pura et humida, implet poros ejus et jungitur illi ; et sic sit sol ; si vero pinguedo illa venit ad loca impura, frigida, sit Saturnus : si vero talis terra pura sit et mixta Sulphuri, sit Venus, etc. » (1).

La perfection du métal ainsi engendré résulte donc de la qualité de sa matrice, ce qui revient à dire qu'il existe un rapport entre ce métal et le milieu où il se développe et il est curieux de constater que les géologues eux-mêmes ont parfaitement observé ce rapport :

« Ces recherches ont montré, en résumé, qu'au voisinage presque immédiat de la plupart des gites métallifères, on retrouvait dans une roche déterminée, *de nature en relation avec la nature du gîte lui-même*, des traces de tous les métaux qui y sont contenus et que cette roche présentait,

1. *Novum lumen chemicum*, 1673, p. 15 et 16.

en général, des symptômes de métamorphisme anciens ou récents » (1).

Ceci est une constatation qui s'applique à tous les gisements, mais plus particulièrement à ceux de quelques métaux qui avaient attiré tout spécialement l'attention de nos philosophes.

C'est ainsi qu'on a reconnu qu'il y a connexion entre la magnésie et le cuivre ; entre la baryte et le plomb ; entre la calcite et l'argent ; entre le quartz et l'or ; entre le mercure et une roche dont nous parlerons tout à l'heure (2).

Mais là encore l'interprétation des faits sépare alchimistes et géologues. Les premiers considèrent que ces roches constituent les différentes matrices de ces métaux, alors que les seconds se bornent à constater qu'il existe une certaine affinité entre ces roches et les métaux qui les imprègnent au moment de leur éruption.

---

1. De Launay. *Formation des gîtes métallifères.*

Cette observation s'applique non seulement à la roche encaissante, mais aussi à la gangue qui accompagne le minerai : « On remarque presque toujours une telle relation entre la nature de la gangue et celle du minerai qu'ordinairement l'une annonce l'autre.

Ch. Contejean. *Eléments de géologie et de paléontologie,* Paris, 1874, p. 487.

2. « Les gîtes d'étain sont toujours en relation avec une roche acide, presque toujours la granulite. »

Miron. *Gisements miniers.*

Voyons un peu à qui les faits paraissent donner raison.

Lorsque la géologie moderne établit une relation entre les gîtes métallifères et les roches qui les encaissent, elle s'appuie uniquement sur ce fait que ces dernières renferment une certaine quantité des métaux que contiennent ces gîtes ; or si ce fait vient à l'appui des assertions des alchimistes, par contre, en raison de la disproportion qui existe généralement entre la richesse des roches et celle des gîtes, on ne saurait prétendre que ces derniers se sont constitués aux dépens des premières.

Il est évident que si la roche a abandonné le métal dont s'est formé le gîte, c'est qu'antérieurement elle renfermait ce métal.

Or si l'on constate qu' « un grand nombre de substances minérales diverses existent à l'état de diffusion extrême dans les masses rocheuses que nous venons de définir, disséminées en proportion minime et comme perdues au milieu des éléments constitutifs de ces roches elles-mêmes », en revanche on observe également qu'il n'y a aucun rapport entre les quantités infinitésimales que renferme la roche et la richesse souvent très grande du gisement.

Ainsi à Leadville (Amérique) où le gîte plombifère, qui possède une très grande importance, s'étend sous une couche de microgranulite, la roche renferme à peine quelques traces de plomb.

Certains géologues n'ont pas hésité à déclarer, pour expliquer ce fait, que la roche qui a cédé son métal est nécessairement plus pauvre que sa voisine, que cet appauvrissement est en raison directe de la richesse du gisement qui a pris naissance à ses dépens et que s'il n'y a plus de métal dans la roche c'est précisément parce qu'il est parti.

Cette raison serait excellente si les faits ne la contredisaient pas, c'est-à-dire si on constatait par exemple qu'une roche semblable placée à quelque distance et auprès de laquelle il n'existe pas de gisement présente une richesse beaucoup plus grande. Malheureusement pour cette théorie, il n'en est pas ainsi, et la contenance des unes et des autres est identique.

Du reste, en observant la roche elle-même qui enclave le gisement, et en comparant la richesse de la partie qui en est éloignée, on obtient les mêmes résultats.

« En ce qui concerne la pétrographie, il nous suffira de remarquer que les roches, au voisinage des gîtes, sont en général profondément altérées, métamorphosées, presque méconnaissables, et que le processus de leur altération est souvent un des points principaux sur lesquels doit porter l'examen; car on est conduit à voir, dans ce métamorphisme, un phénomène absolument connexe de la formation du gîte lui-même. »

On considère donc que cette métamorphose de la roche s'est produite lorsque s'est effectué le *départ* du *métal* qui devait constituer le gisement.

Or si les parties plus éloignées n'ont pas été altérées de la même manière, si elles ont conservé leur forme première, c'est que le métal ou les métaux qu'elles renfermaient ne sont pas partis et en conséquence on doit les retrouver.

Or il n'en est rien, et si à la rigueur on peut supposer que deux roches voisines présentant la même composition puissent offrir de grandes variations dans leur richesse métallique, on ne saurait admettre qu'il en soit de même entre deux parties assez rapprochées d'une roche homogène.

Que dire maintenant de ces roches qui paraissent avoir une action sur la formation des gisements, mais qui pourtant ne renferment pas la moindre trace des métaux qui les composent :

« Enfin, indépendamment de cette connexité directe entre certaines roches et certains gîtes, il existe des cas où une roche encaissante exerce une action d'enrichissement difficile à interpréter, due soit à une action chimique de ses minéraux sur les éléments dissous dans les eaux, soit à une action physique de porosité, de conductibilité thermique, soit enfin à un phénomène électrique » (1).

1. De Launay. *Formation des gîtes métallifères*. pp. 166, 167.

Ainsi les filons d'argent de Konsberg ne s'enrichissent qu'à la rencontre des zones pyriteuses, dites fahlbandes.

Les filons de cuivre gris, mispickel et minerai d'argent de Schladming, en Styrie, se chargent de nids de nickel dans des cas semblables.

Les gisements de magnétite de Visokaya (Sibérie) se sont formés quand une roche acide a traversé des calcaires. Ils sont en contact avec la syénite claire qui est la roche éruptive la plus pauvre en fer de la région.

C'est également au contact du calcaire que se sont formés les gîtes de cuivre (cuprite, azurite, malachite, etc.) de Tourinsk et de Mednoroudiansk (Russie).

En ces circonstances la présence du métal dans la roche ne venant pas abuser le géologue, il semble plus disposé à admettre l'influence du milieu.

Si nous considérons que le phénomène a suivi une marche inverse, c'est-à-dire si nous admettons avec les alchimistes qu'une exhalaison partie du centre de la terre est venue imprégner les terres et s'y métamorphoser peu à peu en un métal correspondant à leur nature, ces difficultés disparaissent.

D'ailleurs M. de Launay a parfaitement reconnu qu'il était impossible d'expliquer la formation des gisements par un remaniement à froid de la roche primitive.

Pour remédier à cette faiblesse de la théorie

moderne, il a supposé que le départ des métaux s'était effectué sous forme de fumerolles, alors que la roche était encore chaude.

Par comparaison avec ce qui se passe dans les éruptions volcaniques actuelles et en s'appuyant sur les relations que l'on constate entre la nature des roches et celle des agents minéralisateurs qui généralement les accompagnent, il a conclu qu'il fallait admettre parallèlement au refroidissement de la roche une succession de fumerolles chlorurées, sulfurées puis carburées.

« C'est-à-dire que les métaux, tout d'abord inclus dans la roche, s'en sont dégagés en fumerolles et que ces fumerolles (dont les principes salins pouvaient très bien provenir déjà de l'instrusion des eaux marines superficielles) ont, en se dispersant, imprégné les eaux produites par la condensation de la vapeur qui les accompagnait ou peut-être d'autres eaux qui, par un circuit artésien, sont venues alors déposer des cristaux dans les fissures diverses de l'écorce » (1).

Ainsi l'auteur admet que : « les actions ignées ont produit, au-dessus du noyau métallique composé de métaux natifs ou alliés au carbone et à l'hydrogène, des roches acides ou basiques assimilables à des scories et à des laitiers, *roches par l'intermédiaire desquels* sont arrivés jusqu'à nous

---

1. De Launay. *Formation des gîtes métallifères*, p. 19.

tous les métaux que nous connaissons », et en cela il partage l'opinion de l'école actuelle, mais il s'en éloigne dans l'explication qu'il donne du processus par lequel les métaux qui imprégnaient la roche se sont dégagés.

Nous allons examiner si son explication est plus satisfaisante.

Tout d'abord nous ferons observer qu'avec sa théorie il est assez difficile d'expliquer la formation des gîtes en inclusion dans la roche. Que ce soient de simples grains ou des amas considérables de minerai, il est incompréhensible que ces métaux ne se soient pas échappés eux aussi sous forme de fumerolles. D'autant plus que l'on constate la présence de ces inclusions *dans toutes les roches*, qu'elles soient acides ou basiques, qu'elles aient cristallisé à haute température et à haute pression à une grande profondeur dans l'intérieur du sol, ou qu'elles se soient solidifiées dans le voisinage de sa superficie.

D'autre part l'auteur est amené, pour expliquer la répartition des métaux entre les diverses roches, à invoquer l'affinité qu'ils peuvent présenter avec les différents minéralisateurs et à admettre la présence de ces derniers dans le voisinage des roches en fusion.

Or nous savons qu'à l'origine, après la condensation, et avant la première consolidation, il s'est produit, suivant lui, une séparation qui a réuni au centre les éléments électro-positifs (métaux, carbone, hydrogène) et qui a rejeté vers la périphérie les éléments électro-négatifs qui comprennent les agents minéralisateurs.

Evidemment cette théorie a eu pour point de départ une observation plus judicieuse des faits, mais elle ne suffit point à expliquer la formation de la plupart des gisements.

Ainsi que nous l'avons fait observer on ne saurait mettre en doute l'existence d'un remaniement secondaire par les eaux superficielles ou par celles d'o... ..he profonde, remaniement qui a donné naissance, soit à des gîtes sédimentaires, soit à des gisements par incrustation, mais il faut reconnaître qu'il n'a pu se produire que lorsque ces eaux ont réussi à emprunter à des gisements déjà existants les éléments de leurs formations.

Nous allons voir en outre que ce mode de formation des filons ne saurait être admis que dans un petit nombre de cas, et que les filons qui ont pris naissance de cette façon présentent une structure tout à fait différente de celle que l'on constate chez ceux dont l'origine doit être attribuée à l'activité interne du globe.

Notons que si les géologues modernes admettent que le remplissage des filons a pu s'effectuer par *injection* directe, par *sublimation* ou par *circulation* d'eaux minérales, ils considèrent qu'en fait c'est au dernier mode qu'il faut attribuer la formation de la plupart des filons.

Généralement, suivant eux, le filon s'est formé parce que la fracture qu'il occupe « a servi d'évent, de canal, à des eaux minérales, issues des parties profondes du globe, circulant lentement et déposant successivement, sur les parois, les matières dont elles étaient chargées, jusqu'à ce que l'intervalle soit entièrement comblé » (1).

Or il faut supposer que la structure des filons à qui on attribue cette origine n'est pas très caractéristique puisque les géologues ne sont pas d'accord sur le sens dans lequel l'eau aurait parcouru les fractures en les transformant en filons. Les uns veulent que le remplissage se soit fait par le haut, les autres au contraire prétendent qu'il s'est effectué par le bas (2).

Quoi qu'il en soit, que les filons aient été formés par circulation d'eaux minérales venant d'une certaine profondeur ou d'eaux minérales venant au contraire de la superficie du sol, il est évident que nous devons constater dans leur structure soit une certaine uniformité, soit au contraire des variations progressives, indices de cette origine.

En fait, il n'en est rien, et il convient de remarquer que l'irrégularité que présente généralement la structure des filons est peu compatible avec ce mode de formation.

1. Velain. *Cours de géologie*, p. 195.
2. De Launay. *Formations des gîtes métallifères*, p. 121 et suiv.

« On est assez volontiers disposé, dit M. De Launay, quand on n'a pas visité une mine métallique, à s'imaginer un filon comme une sorte de mur de minerai, indéfini en profondeur comme en direction et encaissé entre deux massifs de roche stérile dont il est nettement distinct. En réalité il est loin d'en être ainsi ».

Indépendamment des irrégularités de la fracture elle-même qui peut présenter soit des élargissements soit des rétrécissements, et varier plus ou moins soit en direction, soit en inclinaison, la répartition du minerai et de la gangue dans cette fracture est généralement très irrégulière.

Si parfois on observe une disposition par zones parallèles, dans la plupart des cas le minerai est disséminé au milieu de la gangue sous forme *d'amas* assez considérables (1) ou sous forme de lentilles de moindre dismension que l'on nomme suivant leur grosseur *nodules* ou *mouches*.

C'est ce qui se produit souvent pour la galène qui se groupe ainsi au milieu du quartz, mais la stibine (2) présente à ce point de vue des exemples plus curieux. On ne connaît pas en effet de véritables filons de stibine. A Freycenet (Haute-Loire) la stibine est dans un filon de quartz encaissé dans

---

1. Les mineurs appellent *Bonanzas* ces amas qui sont souvent très riches.
2. Sulfure d'antimoine.

des roches primitives (granite, gneiss, micaschiste). Elle y forme des lentilles longues de 15 mètres et épaisses de 30 à 40 centimètres (1). A Mercœur, dans le même département, les lentilles sont plus longues, mais la disposition est la même.

On conviendra qu'il est assez difficile d'attribuer la formation de ces lentilles à la circulation d'une eau fortement minéralisée (2).

Or, si la disposition du minerai par rapport à la gangue et à la roche encaissante combat cette hypothèse sur l'origine des gîtes métallifères, il en est de même si, d'une façon plus générale, on considère la répartition de différents minerais dans une même fracture.

A ce point de vue les filons argentifères du Mexique, du Pérou, de la Bolivie, du Chili, etc., dont la composition est comparable, nous offrent un exemple typique.

Ainsi au Mexique, on trouve d'abord à la surface du sol, au milieu d'une gangue de quartz, de l'argent natif avec des oxydes de fer et de manganèse.

Au-dessous, le contenu du filon se modifie et l'argent natif fait place à du chlorure et à du bromure d'argent mélangés aux mêmes oxydes.

1. F. Miron. *Gisements miniers*, p. 55.
2. Les filons de cuivre et de fer de Tenez et de Mouzaïa (Algérie) sont, à ce point de vue, très caractéristiques.
Cf. Simonin. *La vie souterraine*. Paris, 1867.

Plus bas encore nous ne trouvons plus que du sulfure d'argent mêlé de sulfure antimonié noir. C'est ici la zone la plus riche du filon, celle dont le minerai renferme le plus d'argent (Bonanza).

A une profondeur plus grande, la richesse du filon diminue peu à peu et l'argent ne se présente plus que sous forme d'argent antimonié sulfureux noir, puis sous forme d'argents rouges.

Enfin, peu à peu les espèces cuivreuses apparaissent ainsi que la blende, et bientôt on ne trouve plus qu'un mélange très pauvre de pyrite de fer, de blende et de quartz.

Eh bien, il est évident que la formation de ces filons argentifères d'Amérique ne saurait être due à la circulation d'une eau minérale.

Il y a au contraire dans la succession des métaux et dans celle des minéralisateurs l'indication d'une origine plus conforme à la théorie alchimique.

Un exposé de la classification que M. De Launay a cru devoir adopter pour les gisements métallifères sera à ce point de vue très suggestif, si on a soin de comparer les résultats qu'elle fournit avec ceux de la classification de Mendeleeff et d'examiner ensuite ce que dit Paracelse de la génération des métaux.

A. — Métaux pratiquement réfractaires à toute combinaison et insolubles, gîtes d'inclusion à l'état natif en roches basiques : platine, palladium, iridium, or, etc.

B. — Métaux n'ayant pas d'affinité pour les minéralisateurs et donnant, avec l'oxygène, des oxydes neutres ou acides, gîtes d'inclusions oxydés en roches basiques (fer en magnétite, chrome, nickel, cobalt).

C. — Métaux ne se combinant qu'avec le chlore, le fluor, etc., (c'est-à-dire avec des minéralisateurs énergiques et dégagés de la roche très chaude), gîtes d'inclusions à l'état natif ou oxydé ou gîtes concentrés au voisinage de la roche éruptive acide (étain, bismuth, tungstène, uranium, or, etc.).

D. — Métaux sulfurables mais formant des sulfures peu solubles dans les sulfures alcalins, gîtes d'inclusions dans des roches neutres ou déjà basiques (c'est-à-dire correspondant à une phase de l'éruption postérieure à la précédente et moins abondante en minéralisateurs) ; gîtes de contact fréquents ; parfois gîtes filoniens (cuivre, généralement sulfuré).

E. — Métaux sulfurables et formant des sulfures facilement solubles, gîtes d'incrustation, d'imprégnation ou de substitution filonienne, toujours à l'état primitivement sulfuré (plomb, zinc, fer, cobalt, argent, mercure, etc.).

F. — Métaux faiblement solubles à l'état de combinaisons oxydées, gangues filoniennes (calcium, strontium, magnésium, baryum).

G. — Métaux formant des sels presque tous solubles, gîtes sédimentaires d'évaporation (potassium, sodium, etc.) (1).

Que l'on compare les groupes de métaux qui prennent ainsi naissance lors de la formation des gîtes métallifères avec ceux qui résultent de la classification chimique actuelle; on sera surpris de leurs concordances, et si on songe que M. Crookes a cru devoir déduire de cette dernière la conception d'une genèse évolutive des corps simples, on ne sera pas surpris que nous considérions ces faits géologiques comme la démonstration de sa théorie et comme un argument précieux en faveur des idées des alchimistes

Certes, l'auteur s'efforce d'expliquer ces faits conformément à ses théories et attribue une grande importance aux agents minéralisateurs; mais nous ne croyons pas qu'en cela il s'éloigne beaucoup de l'opinion de nos Philosophes.

Là où il voit l'action d'un minéralisateur ayant contribué à la formation du filon, les alchimistes reconnaissent l'intervention d'un agent qui a entravé l'évolution du métal en le coagulant ou le congelant, mais le résultat est le même.

Pour en terminer avec la formation des filons, nous ferons observer enfin que « plus on s'enfonce dans un filon, plus on voit les minerais oxydés disparaître pour faire place aux minerais déposés dans un milieu réducteur ». M. De Launay en con-

1. De Launay. *Formation des gîtes métallifères*, p. 23.

clut que les eaux ont parcouru un long trajet souterrain avant de parvenir au filon ; mais nous verrons qu'il existe entre ce fait et un autre que nous allons envisager une connexion très intéressante.

Si, laissant de côté la disposition particulière que présentent les métaux dans les différents gîtes métallifères, nous examinons d'une manière générale leur répartition dans l'écorce terrestre, nous découvrons un nouvel argument en faveur de la théorie alchimique.

Suivant la science moderne tous les métaux préexistent dans le noyau interne et de là se répandent dans la couche solide qui enveloppe ce dernier.

Or, s'il en est ainsi, plus on pénètre dans les entrailles de la terre, plus on s'approche de ce noyau métallique, plus doivent augmenter la richesse et l'importance des gisements métallifères.

Eh bien, en fait il n'en est rien, au contraire, et les géologues sont d'accord pour reconnaître qu'à une certaine profondeur tous les filons se stérilisent.

Ce qui semble bien établir que l'activité interne ne projette point vers la périphérie des métaux, mais quelque chose qui est susceptible de devenir, suivant les circonstances, tel ou tel métal.

Il semble, d'autre part, que cette transformation, cet engendrement ne commence à s'effectuer qu'à une distance relativement peu considérable de la surface de la terre.

Et il convient de rappeler en cette occasion que les alchimistes placent à côté de l'influence de la minière ou matrice, de la roche d'encaissement, l'intervention d'un *air cru* qui, au dire du Cosmopolite, provoque la congélation des métaux.

Cet *air cru* qui arrête l'évolution de la matière primordiale, ne peut opérer que si il a *ingrès* dans sa minière.

En d'autres termes l'apparition d'un minéral plus ou moins parfait est liée à la présence de cet *air cru* (1).

En généralisant cette manière de voir, nous pouvons peut-être obtenir quelque indication sur l'origine des eaux qui semblent provenir des profondeurs de la terre.

Deux théories, jusqu'à présent, on régné tour à tour ; l'une prétend que cette eau a été emprisonnée sous la couche terrestre, l'autre la fait provenir d'infiltrations venues de la surface de la terre.

Toutes les deux sont invraisemblables, et il est plus logique d'admettre qu'elle prend naissance par un processus identique à celui qui fixe et minéralise la matière métallique au cours de son évolution.

1. Plus exactement il se produit une fixation et non un engendrement et cet air cru est considéré comme l'agent de cette fixation.

Pour les volcans en particulier, l'hydrogène, dont nous avons reconnu la présence dans le noyau interne et que les récentes classifications chimiques placent dans le voisinage immédiat de la matière primordiale, arrivant en contact avec l'oxygène, leur mélange produit ces conflagrations gigantesques qui donnent naissance aux phénomènes éruptifs et engendrent ces masses énormes de vapeur d'eau.

Il est vraisemblable, d'ailleurs, que l'hydrogène sulfuré et l'acide chlorhydrique qui sortent des volcans possèdent une origine identique.

Mais ces considérations nous éloigneraient beaucoup trop de notre sujet et il est temps que, pour terminer, nous résumions cette étude.

L'hypothèse d'un noyau interne dont proviendraient les métaux et où ils existeraient mélangés à l'état de fusion ignée n'est pas justifiée par les faits que nous révèle l'observation de la nature.

Que l'on suppose qu'ils pénètrent dans l'écorce terrestre soit à l'état de fusion, soit à l'état de vapeurs sublimées, soit enfin mélangés à des roches dont ils imprégnent la masse et dont ils s'échappent à l'état de fumerolles ou sous l'action dissolvante des eaux, on s'aperçoit rapidement que ces explications sont insuffisantes pour expliquer la formation de gisements très riches et très importants.

Les filons ne présentent pas de traces de fusion et d'intervention ignée.

Leur structure n'est point celle d'une formation due à la circulation d'eaux fortement minéralisées qui auraient abandonné progressivement, et proportionnellement à leur solubilité, les éléments qu'elles tenaient en solution.

Les roches auxquelles ils emprunteraient leurs éléments constituants, qu'on les examine lorsqu'elles sont intactes ou lorsqu'elles ont subi un certain métamorphisme, sont très pauvres. Enfin les eaux qui auraient servi de véhicule ne contiennent que des traces, et pas toujours, des mêmes éléments.

Dans ces conditions la conception d'une matière primordiale qui, partie du noyau interne, s'échappe vers la superficie de la terre, matière susceptible d'évoluer suivant les milieux et que fixe et coagule, sous une forme minérale correspondant à son degré d'évolution, l'intervention d'un minéralisateur, demeure plus vraisemblable.

CHAPITRE IV

LA PRATIQUE

Adaptation rationnelle des Théories et des Faits à la réalisation du Grand Œuvre.

I

Considérations générales

De la théorie passons à la pratique, et examinons par quels procédés les Alchimistes prétendent réaliser, dans leurs laboratoires, ces transmutations que leurs conceptions sur la constitution des corps autorisent, et que justifient les faits que nous observons dans la nature.

Pour beaucoup de lecteurs, ce que nous allons dire offrira plus d'attrait que ce que nous avons dit jusqu'ici; mais, qu'ils ne s'y trompent pas, les précédents chapitres ne sont pas simplement une introduction à celui-ci, bien au contraire ils sont indispensables, non seulement pour qu'on puisse le comprendre, mais aussi pour qu'avec un peu de perspicacité on puisse remédier aux obscurités des anciens et orienter ses recherches.

C'est en raison de l'obscurité qui règne dans les écrits alchimiques et qui empêche souvent la vérification et le contrôle des *Recipe* qui s'y trouvent décrits ; en raison aussi de l'absence de transmutations vraiment indiscutables, que l'art transmutatoire est déclaré mensonger et illusoire.

Il est évident, en effet, que les Alchimistes, soit qu'ils aient réussi dans leurs tentatives, soit qu'ils fussent sur le point de réussir, ont toujours conservé la plus grande discrétion sur une partie de leurs opérations, et n'ont jamais indiqué clairement la nature des substances sur lesquelles ils travaillaient.

Mais leur réserve est très compréhensible et ne saurait autoriser les appréciations malveillantes qu'on se permet à leur égard.

On peut blâmer l'ambiguité de leurs discours et désapprouver les raisons qui les ont conduits à procéder ainsi ; mais il est abusif de décréter que leurs écrits ne possèdent aucune signification sous prétexte qu'on n'a pas réussi à les comprendre.

Il est certain, au contraire, que les symboles, les allégories et les métaphores qu'ils emploient dans la description des opérations de l'Œuvre ne sont pas arbitraires, et pour s'en convaincre il suffit de lire la consciencieuse étude qu'en fit le regretté Albert Poisson (1).

---

1. A. Poisson. *Fables et symboles des Alchimistes.*

Nous trouvons dans Kunrath un exemple curieux qui montre comment en vertu d'une certaine analogie on peut appeler Mercure des choses fort différentes en apparence :

« Car de même que Mercure dans le ciel supérieur se transforme et se modifie suivant la qualité des astres avec

Les termes qu'ils emploient pour désigner les substances sur lesquelles ils opèrent ne sont pas pris au hasard ; pour le moins ils indiquent toujours une qualité physique ou chimique de la chose à laquelle ils s'appliquent.

C'est ainsi qu'ils appellent : neige, ce qui possède une blancheur éblouissante ; sang, ce qui est de couleur rouge ; eau, ce qui est liquide, etc., etc.

Ne retenant qu'une qualité de la chose dont ils

---

lesquels il est conjugué, devenant bon et heureux avec les planètes bénéfiques, mauvais et malheureux avec les maléfiques ; de même notre Mercure se spécifie et opère suivant la manière, la qualité et l'action de ces espèces (*species*) avec lesquelles il est uni et dont il reçoit sa forme naturellement ou naturo-artificiellement. En lui-même et par lui-même il est universel ». Telle est donc la raison pour laquelle l'azoth des Philosophes emprunte le nom d'une planète céleste.

Kunrath ajoute que pour une raison analogue on attribue également ce nom de Mercure au Ciel (*Schamaïm*, l'*Esprit Ethéré*), qui transmet à la matière les Formes Essentielles des choses et qui est universellement répandu dans tout ce qui appartient à notre monde sublunaire.

Il déclare enfin que l'Eau commune doit également être appelée Mercure, car elle constitue le vin universel (*Vinum Catholicon*) que boivent universellement l'homme, les animaux, les végétaux et les minéraux, chacun à sa manière.

H. Kunrath. *Du Chaos hyléalique*. Francfort, 1708.

C'est en raison de sa grande ressemblance avec le mercure céleste que notre Elixir est appelé mercure des Philosophes.

D'Espagnet. *Arcanum hermeticæ philosophiæ opus* Col. Allobr. 1673, p. 22.

empruntent le nom, et faisant abstraction des autres, ils créent de véritables qualificatifs qui leur permettent d'indiquer peu à peu toutes les propriétés d'un corps.

D'ailleurs, dans cette opération, ils s'appuient, généralement, sur les correspondances astrologiques pour déterminer la propriété typique d'un corps, celle qu'il faut retenir aux dépens des autres, introduisant ainsi dans leur langage métaphorique une certaine méthode qui doit aider à pénétrer son sens.

Quoi qu'il en soit, de leur avis même, l'étudiant doit recourir avant tout à l'observation et à l'étude de la nature.

Il faut demander à nos Philosophes des indications générales avant d'entreprendre des recherches personnelles ; puis, avant de conclure, il faut de nouveau s'adresser à eux pour s'assurer qu'on ne s'éloigne pas de la voie qu'ils ont tracée.

Si leurs discours sont obscurs on ne saurait donc les taxer de mensonge, et, d'ailleurs, il faut bien reconnaître que toutes les fois que nos savants ont réussi à pénétrer le sens de certains passages, ils ont dû constater que les préparations qu'ils indiquaient étaient réalisables et qu'elles étaient décrites avec la plus grande exactitude.

A ce point de vue on trouve dans les *Leçons de Philosophie chimique* de Dumas un exemple très caractéristique. Il consiste en l'explication par ce savant chimiste de l'un des *Recipe* les plus obscurs de l'Hermétisme, celui que Riplée décrit pour la préparation de l'*Elixir*.

« En prenant, dit Dumas, la description de Riplée à la lettre, elle est tout à fait inintelligible ; mais une fois que l'on a le mot de l'énigme, on est frappé de la netteté de l'exposition des phénomènes qu'il avait en vue.

« Pour faire, dit-il, l'*Elixir des Sages*, la pierre philosophale (et, par ce mot pierre, les alchimistes n'entendaient pas toujours désigner littéralement une pierre, mais un composé quelconque ayant la propriété de multiplier l'or, et auquel ils attribuent presque toujours une couleur rouge), pour faire l'*Elixir des Sages*, il faut prendre, mon fils, le *Mercure des Philosophes*, et le calciner jusqu'à ce qu'il soit transformé en *Lion vert* ; et après qu'il aura subi cette transformation, tu le calcineras davantage, et il se changera en *Lion rouge*. Fais digérer au bain de sable ce *Lion rouge* avec l'*esprit aigre des raisins*, évapore ce produit, et le mercure se prendra en une espèce de gomme qui se coupe au couteau : mets cette matière gommeuse dans une cucurbite lutée, et dirige sa distillation avec lenteur. Récolte séparément les liqueurs qui te paraîtront de diverse nature. Tu obtiendras un flegme insipide, puis de l'esprit et des gouttes rouges. Les ombres cymmériennes couvriront la cucurbite de leur voile sombre, et tu trouveras dans son intérieur un véritable dragon, car il mange sa queue. Prends ce dragon noir, broye-le sur une pierre, et touche-le avec un charbon rouge ; il s'enflammera, et prenant bientôt une couleur citrine glorieuse, il reproduira le *Lion vert*. Fais qu'il avale sa queue, et distille de nouveau le produit. Enfin, mon fils, rectifie soigneusement et tu verras paraître l'*Eau ardente* et le *Sang humain* ».

« C'est surtout le *Sang humain* qui a fixé son attention et c'est à cette matière qu'il assigne les propriétés de l'*Elixir*. »

« Je suis bien surpris si parmi les chimistes qui me font l'honneur de m'écouter, il en est qui n'aient pas pénétré le mystère de la description que je viens d'exposer en l'abrégeant beaucoup. Appelez *Plomb* ce que Riplée nomme *azoque* ou *Mercure des Philosophes*, et toute l'énigme se découvre. Il prend du *plomb* et le calcine ; le métal s'oxyde et passe à l'état de *massicot;* voilà le *Lion vert*. Il continue la calcination ; le massicot se suroxyde et se change en minium ; c'est le *Lion rouge*. Il met ce minium en contact avec l'*esprit acide des raisins*, c'est-à-dire avec le *vinaigre ;* l'acide acétique dissout l'oxyde de plomb. La liqueur évaporée ressemble à de la gomme ; ce n'est autre chose que de l'acétate de plomb. La distillation de cet acétate donne lieu à divers produits, et particulièrement à de l'eau chargée d'acide ascétique, et d'esprit pyroacétique que dans ces derniers temps on a nommé *acétone*, accompagné d'un peu d'huile brune ou rouge.

« Il reste dans la cornue du plomb très divisé et par conséquent d'un gris sombre, couleur que rappellent les ombres cymmériennes. »

« Ce résidu jouit de la propriété de prendre feu par l'approche d'un charbon allumé, et repasse à l'état de massicot, dont une portion mêlée avec la liqueur du récipient se combine peu à peu avec l'acide que celle-ci renferme et ne tarde pas à s'y dissoudre. C'est là le *dragon noir qui mord et qui avale sa queue*. Distillez de nouveau, puis rectifiez, et vous aurez en définitive de l'esprit pyroacétique qui est de *l'eau ardente*, et une huile rouge brun, bien connue des personnes qui ont eu l'occasion de s'occuper de ces sortes de distillations, et dont elles ont dû voir leur esprit pyroacétique brut constamment souillé. C'est cette huile, qui forme le *Sang humain*, et qui a excité principalement l'attention des alchimistes. C'est qu'en effet elle est rouge, et j'ai déjà signalé l'importance que les alchimistes attribuaient à cette couleur. De plus, elle possède la propriété de réduire l'or de ses dissolutions et de le précipiter à l'état métallique, comme bien d'autres huiles du reste (1) ».

« Riplée avait d'ailleurs purifié l'esprit pyroacé-

---

1. Il est bien évident que nous laissons à Dumas la responsabilité de cette interprétation.

tique, et il a dû l'obtenir presque exempt d'eau. Aussi connaît-il bien ses propriétés. »

« Après tous ces détails, on ne peut s'empêcher d'être frappé de l'attention scrupuleuse qu'il a fallu porter dans l'examen des divers phénomènes qui accompagnent la distillation de l'acétate de plomb, pour les observer avec tant de précision. N'est-il pas bien remarquable que l'esprit pyroacétique dont on a coutume de faire remonter la découverte à une époque très peu reculée, et dont l'étude vient d'être reprise dans ces derniers temps, ait été si bien connu des Alchimistes (1) ».

Mais si les savants honnêtes et de bonne foi consentent à reconnaître que les Alchimistes n'étaient pas des fats et des ignorants, ils continuent à se montrer sceptiques quant à la réussite de leurs opérations :

« Le rêve des alchimistes, dit M. Berthelot, a duré jusqu'à la fin du siècle dernier, et je ne sais s'il ne persiste pas encore dans certains esprits. Certes il n'a jamais eu pour fondement aucune expérience positive. Les opérations réelles que faisaient les alchimistes, nous les connaissons toutes et nous les répétons chaque jour dans nos laboratoires ; car ils sont à cet égard nos ancêtres et nos précurseurs pratiques. Nous opérons les mêmes fusions, les mêmes dissolutions, les mêmes asso-

---

1. Dumas. *Leçons sur la philosophie chimique.*

ciations de minerais, et nous exécutons en outre une multitude d'autres manipulations et de métamorphoses qu'ils ignoraient. Mais aussi nous savons de toute certitude que la transmutation des métaux ne s'accomplit dans le cours d'aucune de ces opérations. »

« Jamais un opérateur moderne n'a vu l'étain, le cuivre, le plomb, se changer sous ses yeux, en argent et en or, par l'action du feu exercée sur les mélanges les plus divers, comme Zosime et Geber s'imaginaient le réaliser » (1).

Or contrairement à ce qu'avance M. Berthelot, des expériences positives, faites devant des témoins absolument dignes de foi, ont parfaitement démontré qu'il était possible, à l'aide de la pierre philosophale, de transformer en or un autre métal.

A l'appui de cette assertion nous citerons quelques-unes des transmutations les plus célèbres opérées par des adeptes, renvoyant pour plus de détails à l'ouvrage de M. Figuier :

1. — Transmutation opérée par Van Helmont, en 1618, dans son laboratoire de Vilvorde près de Bruxelles. Il transforma en or huit onces de mercure au moyen d'un quart de poudre de projection.

Cette poudre lui avait été remise par un adepte

---

1. Berthelot. *Les origines de l'alchimie.*

qui était désireux de convaincre de l'existence de la Pierre le savant le plus illustre de son pays.

2. — Transmutation opérée en 1666 par Jean Frédéric Schweitzer, connu sous le nom d'Helvétius, médecin du prince d'Orange.

Tous les orfèvres de La Haye, ainsi que Povelius, essayeur général des monnaies en Hollande, apprécièrent la pureté de l'or ainsi obtenu.

Spinosa, qui avait eu occasion de voir cet or et d'entretenir tous les témoins de l'opération déclare qu'il est parfaitement convaincu de l'existence de la Pierre Philosophale.

3. — En 1621 un adepte inconnu opère une transmutation à Helmstadt devant Martini, professeur de philosophie, qui était un adversaire des alchimistes.

4. — Transmutation opérée, en 1648, en présence de Ferdinand III et par les soins du comte de Rutz.

La poudre avait été fournie par Richthausen, qui la tenait d'un nommé Labujardière qui était attaché à la personne du comte de Schlick, seigneur de Bohême.

En cette circonstance il fut frappé avec l'or ainsi obtenu une médaille qui en 1797 était encore à la trésorerie de Vienne.

5. — Richthausen ayant reçu une certaine quantité de poudre put en donner un peu à Ferdinand III, et ce prince ayant opéré, à Prague, en

1650, une seconde projection, fit frapper une deuxième médaille qui était conservée au château d'Ambras, dans le Tyrol.

6. — Enfin, en 1658, Richthausen fit exécuter une projection toute aussi concluante par l'Electeur de Mayence.

7. — Transmutation opérée en 1705, par Payküll en présence du général Hamilton, de l'avocat Fehman, du chimiste Hierne et de plusieurs autres témoins. L'or obtenu fut employé à la frappe d'une médaille commémorative.

Nous pourrions évidemment en citer bien d'autres, mais pour qu'on ne puisse nous accuser de remanier l'histoire par complaisance pour les Alchimistes, nous préférons renvoyer le lecteur aux documents recueillis par un adversaire de l'alchimie. Nul doute que s'il les examine avec bonne foi il parvienne à acquérir une opinion diamétralement opposée à celle de M. Figuier.

Pour terminer nous ferons simplement observer qu'au cours de ces transmutations le préparateur ou le propriétaire de la poudre de projection a toujours été absent, et que les récipients et les produits, creusets et métaux, n'ont jamais été fournis par lui.

D'ailleurs, et nous ne saurions trop le répéter, qu'on veuille bien consulter consciencieusement l'ouvrage que M. Figuier écrivit pour démontrer que la Pierre Philosophale n'a jamais donné de preuves de son existence, et l'on verra que les faits relatés vont à l'encontre des conclusions de cet auteur, et témoignent que des transmutations authentiques et parfaitement indiscutables ont été obtenues.

Ceci posé, on peut s'étonner, avec M. Berthelot, qu'à notre époque, malgré les recherches innombrables qui s'effectuent dans les laboratoires, on n'ait jamais réussi à constater la transmutation d'un corps et sa transformation en un autre.

Or, quoi qu'en dise le savant auteur des *Origines de l'Alchimie*, cela tient à ce que le travail des Alchimistes ne ressemble pas à celui de nos chimistes modernes. Prises en détail, les opérations sont évidemment comparables ; mais leur succession, l'ordre suivant lequel elles s'enchaînent, constituent véritablement la caractéristique du travail alchimique.

Par une voie détournée, qui ne saurait être, en aucun cas, celle du Grand Œuvre, car ici le hasard ne saurait intervenir, les chimistes peuvent obtenir par de simples coïncidences, par le concours d'opérations effectuées dans un autre but, de véritables transmutations, mais, en raison de leur infimité, ces résultats leur échappent nécessairement.

La nature n'opère qu'avec une très grande lenteur, et si l'Art ne vient pas à son secours, mais un Art éclairé, qui a su pénétrer ses voies et saisir le moyen de les perfectionner, les résultats qu'elle détermine sont presque insensibles.

Dans ces conditions le chimiste tourne dans un cercle vicieux. Il ne songe pas à renouveler une opération dont le résultat lui échappe, et, d'autre part, le résultat ne saurait augmenter si la même opération n'est pas renouvelée un grand nombre de fois.

Seule, une transmutation opérée par la poudre de projection dans des conditions indiscutables et devant des témoins compétents pourrait constituer une opération décisive et fournir une démonstration éclatante de la réalité de l'alchimie, mais quel est l'heureux possesseur du secret qui consentirait ainsi à le divulguer et à attirer l'attention sur lui.

Et encore le scepticisme dont on entoure, en dehors de toute interprétation, le phénomène des tables tournantes, phénomène qu'il est pourtant si facile de constater ; l'incrédulité avec laquelle ont été accueillis les résultats des travaux de M. Crookes sur les apparitions médianimiques ; le doute qui vient d'atteindre les expériences réalisées par M. Moissan relativement à la fabrication des diamants et à la cristallisation du carbone à température élevée ; ne démontrent-ils pas que certaines expériences quel que soit le soin avec lequel on y procède, quels que soient les témoignages dont on les entoure, sont vouées à un accueil malveillant parce qu'elles ont le tort de choquer les idées courantes.

II

LES FORMES OPÉRATIVES

(Solve — Coagula)

Il est certain que toute la pratique de l'art alchimique consiste à dissoudre et à coaguler les corps suivant certaines règles.

« Car notre magistère, dit Basile Valentin, n'est que parfaitement congeler; dissoudre le corps et congeler l'esprit » (1).

« Fais, ajoute-t-il ailleurs, que ce qui est dessus soit dessous, que le visible soit invisible, le corporel incorporel, et fais derechef que ce qui est dessous soit dessus, l'invisible rendu visible et l'incorporel corporel ».

« La raréfaction et la condensation, dit, à son tour, le Président d'Espagnet, sont les deux instruments au moyen desquels la nature change les corps en esprits et les esprits en corps ; c'est par

1. Basile Valentin. *Les douze clefs de philosophie*, Paris, 1659.

cette voie également que les éléments corporels se transforment en spirituels et que réciproquement les spirituels redeviennent corporels » (1).

Mais les alchimistes sont unanimes à déclarer que leur coagulation et leur dissolution philosophiques ne sont pas celles du vulgaire et on en a conclu d'une manière générale que les opérations par lesquelles on devait dissoudre ou coaguler un mixte n'étaient pas d'ordre physique.

Des occultistes modernes ont parfaitement compris qu'il suffisait de savoir dissoudre et coaguler les mixtes pour être en possession du secret des philosophes, mais ils ont laissé entendre que les opérations par lesquelles on pouvait y arriver différaient complétement des manipulations qu'on a coutume d'appliquer à la matière.

« Cet agent magique, dit Eliphas Lévi, que les anciens philosophes hermétiques ont déguisé sous le nom de matière première, détermine les formes de la substance modifiable et l'on peut réellement arriver par son moyen à la transmutation métallique et à la médecine universelle » (2).

Plus loin le même auteur ajoute : « En sorte que le grand œuvre est quelque chose de plus qu'une opération chimique : c'est une véritable création

1. *Enchiridion physicæ restitutæ.* Colon. Allobrog. 1673, p. 154.
2. Eliphas Lévi. *Dogme et rituel de la Haute Magie.* Paris, 1861.

du verbe humain initié à la puissance du Verbe de Dieu même ».

Il considère ainsi l'accomplissement du Grand Œuvre comme une réalisation d'ordre magique et par ce fait supprime l'Alchimie proprement dite, telle, du moins, que l'avaient comprise les anciens.

L'abbé Lacuria, dans les *Harmonies de l'être*, au cours d'une étude très intéressante de trois fluides, émet sous une forme plus philosophique une opinion analogue : « Dès que Dieu eut créé cette matière il s'en servit comme d'un instrument pour féconder la matière négative, et de même que l'union, à différents degrés, de l'idée de l'être et de celle du non être, a enfanté les types de toutes les créatures, de même l'union à différents degrés, de la matière positive et de la matière négative, a enfanté toutes les formes matérielles. Toutes les qualités d'apparence positive qui sont dans la matière doivent venir de ces trois fluides, c'est donc à eux qu'il faut attribuer l'attraction, le mouvement, l'affinité, la couleur, la beauté, la vie physique et la fécondité. Si l'homme était entièrement maître de ces trois fluides, s'il connaissait tous leurs secrets, il pourrait refaire la nature à son gré. C'est en cela que consiste le problème de la pierre philosophale que cherchent depuis si longtemps les philosophes hermétiques, et ce n'est pas sans raison qu'ils l'ont appelé le Grand Œuvre. Œuvre gigantesque en effet ! puissance formidable que Dieu, dans sa sagesse et sa justice, ne peut laisser tomber entre des mains qui peuvent faire le mal, et que l'homme ne retrouvera que dans le Paradis terrestre ; il faut donc avant tout le ramener sur la terre, c'est le premier pas à faire pour la solution du grand problème ».

Pour ces deux écrivains le pouvoir d'opérer la transmutation des corps ne saurait appartenir qu'à un homme régénéré, à un véritable adepte, mis par le fait de son évolution morale et intellectuelle en possession d'une grande puissance d'action.

Évidemment on peut par cette voie parvenir plus rapidement et plus parfaitement, mais on ne fait plus de l'Alchimie et c'est un tort que de vouloir nier la possibilité d'une réalisation effectuée purement en mode physique dans les limites fixées par les alchimistes.

Ces derniers avaient une autre conception de leur art, et les moyens par lesquels ils prétendaient l'exercer n'étaient pas subordonnés à la spiritualité de l'opérateur.

S'il en était ainsi, l'on ne saisirait pas la raison des allégories et des symboles qui voilent leurs enseignements et enfin l'on ne s'expliquerait pas le mystère qu'ils font de leurs opérations et le secret qu'ils gardent à l'égard de leur matière.

Enfin eux-mêmes ont pris soin de nous mettre en garde et nous ont avertis qu'il ne faut pas rechercher la première matière ou matière éloignée, mais la seconde matière ou proche matière des mixtes. C'est sur les Principes, disent-ils, qu'il faut opérer et non sur les Eléments parce que ces derniers échappent à nos sens et qu'ils sont imperceptibles.

« Il appartient à Dieu seul de séparer les Eléments du Chaos et à la seule Nature de former avec les Eléments ces principes dont elle compose les mixtes, car il n'est pas au pouvoir de l'Art de régir les Eléments élémentants, mais seulement les Eléments élémentés, c'est-à-dire ceux qui se retrouvent dans le mélange et qui par leur composition passent en des Principes plus prochains qui sont les véritables parties constituantes du mixte. »

Ils ont fixé ainsi les limites dans lesquelles il convient d'exercer leur Art, et déterminé très exactement le mode suivant lequel il faut effectuer leurs opérations.

Mais ainsi qu'ils le déclarent la *dissolution* et la *coagulation philosophiques* ne sont pas celles du vulgaire, et ils désignent ainsi des opérations qui ont pour but de modifier plus profondément l'état des corps.

La dissolution provoque un retour à un état primitif antérieur aux formes métalliques et minérales ; la coagulation, au contraire, détermine la réapparition de ces dernières.

« La solution ou calcination philosophique, détermine un changement de forme. Elle augmente l'humidité radicale et diminue les superfluités. Elle ouvre les corps et les dispose à donner leur substance. Ils deviennent ainsi une certaine chose qu'ils étaient avant leur coagulation. »

« Nous ne pouvons connaître cette première substance que sous la forme d'esprit ou de vapeur vitriolique. »

La perfection de ce premier être des mixtes, dont nous avons parlé longuement dans le chapitre précédent, est en raison inverse de la perfection du minéral ou du métal qu'il compose. *Au point de vue pratique* il est plus éminent chez les métaux imparfaits, comme l'antimoine, que chez les métaux parfaits comme l'or et l'argent. Dans ce dernier cas, en effet, il est *profondément gelé et étroitement lié des liens de la coagulation.*

Nous ferons observer que ce *premier être* des mixtes est le véritable *Mercure Philosophique*, et que son principal caractère est de pouvoir changer en sa nature la substance des autres métaux en les réduisant à leur tour en leur première matière et en leur premier être.

C'est pour cette raison que les alchimistes ont déclaré que leur dissolvant et leur matière étaient une seule et unique chose.

Mais ce premier être des mixtes, que Kircher qualifiait « *vaporem et exhalationem sulphureo-sale-mercurialem* » (1), et qui est la proche matière

1. Kircher. *Mundus subterraneus*. Amsterdam, 1768.

des métaux et des minéraux, appartient réellement au monde sensible, et les procédés par lesquels il est possible soit de l'obtenir, soit de l'élaborer, sont uniquement des procédés physiques.

C'est par l'enchaînement de ses opérations, et par l'emploi du *Dissolvant philosophique*, que se caractérise la pratique alchimique (1).

Ainsi que nous l'avons fait observer, les opérations effectuées par les Philosophes et celles exécutées par les chimistes, sont parfaitement comparables, bien que l'interprétation en soit absolument différente, tant que reste à atteindre ce point neutre où la matière acquiert son minimum de détermination et où elle échappe presque complétement aux recherches.

A ce propos il est peut-être utile de faire remarquer que les chimistes ont entrevu ce phénomène et observé qu'en certains cas leurs corps simples échappaient aux réactions qui les caractérisent ; mais ils se sont bornés à formuler quelques exceptions et ont négligé de tirer parti de ce fait surprenant.

D'une manière générale et préalablement aux opérations qui concernent la génération de la teinture et sa multiplication, les alchimistes se sont efforcés de réaliser la solution physique des corps

1. Cette thèse est longuement développée dans le *Dictionnaire Mytho-Hermétique* de Pernety (Paris, 1758) et nous renvoyons le lecteur à ce très intéressant ouvrage.

et ont observé que l'état d'équilibre ainsi obtenu pouvait être rompu soit par production d'un départ gazeux, soit, au contraire, par formation d'un précipité.

Ils interprétaient ces phénomènes extérieurs suivant leur conception de la nature des corps et établissaient leur liaison avec des modifications importantes du rapport existant entre les parties constituantes du mixte.

C'est pour cette raison qu'Helvétius, disciple de Paracelse, attache tant d'importance à l'étude des dissolvants et des précipitants qu'il divise en Sulphureux, Mercuriels et Salins, et s'attarde si longuement à la description et à l'explication des réactions qu'il fournissent soit par voie humide, soit par voie sèche.

Il est très curieux de constater qu'à une époque la Chimie officielle adopta le même critérium pour prévoir les combinaisons qui devaient prendre naissance au sein d'un dissolvant.

En 1799 Berthollet présentait à l'Institut d'Egypte un mémoire : « Recherches sur les lois de l'affinité », dans lequel il faisait connaître l'influence que peuvent exercer sur les réactions chimiques les qualité physiques des corps sur lesquels on opère, et les lois, qui furent la conséquence de sa découverte, ont été conservées jusqu'à l'époque, encore récente, où furent adoptés les nouveaux principes de thermo-chimie.

Dans l'intervalle un chimiste distingué, M. Louis Lucas, qui avait su pénétrer la pensée des Philosophes Hermétistes, a réalisé, dans un sens plus alchimique, une application de leurs idées à la chimie et à la médecine. C'est peut-être la partie la plus intéressante de son œuvre et en raison de son importance dans le sujet qui nous occupe, en raison aussi de ce qu'elle est passée presque inaperçue nous nous faisons un devoir de la signaler à l'attention du lecteur (1).

Cependant un chercheur moderne, M. Strindberg, semble avoir apprécié à leur juste valeur ces formes opératives. Il déclare que dissoudre veut dire décomposer et que précipiter est synonyme de reconstituer, mais il est nécessaire d'ajouter que pour obtenir une transformation réelle et une véritable transmutation, il est indispensable d'obtenir, ainsi que le faisait observer Crookes, une décomposition plus profonde que celle fournie par les procédés ordinaires.

Autrement on ne sort pas du domaine de la chimie et il vous échoit le même sort qu'à ce pauvre Agrippa qui avouait naïvement que le poids de l'or qu'il avait obtenu n'avait jamais dépassé celui de l'or dont il avait extrait l'esprit.

---

1. Cf. Louis Lucas. *La Médecine nouvelle*. Paris, 1862 ; *La Chimie nouvelle*. Paris, 1854.

III

La matière de l'œuf

C'est avec juste raison que l'on a comparé le processus de l'Œuvre au processus de la génération tel que nous l'observons dans le règne végétal et dans le règne animal ; mais l'on a généralement omis de faire une distinction importante, à savoir que le produit était éminemment supérieur à ses parents, et que, suivant l'expression des alchimistes, le fils était beaucoup plus noble que son père.

Aucun procès ne peut exister et durer, dit Monteregio, sans une antithèse qualitative, et dans le sujet que nous étudions, les termes de cette antithèse, qu'on les appelle le Soufre et le Mercure, le Roi et la Reine, le mâle et la femelle, représentent philosophiquement le principe formel et le principe matériel que nous avons déjà étudiés.

Deux corps : le Soleil et la Lune, préparés selon la règle suffisent pour parfaire l'Œuvre, et celui-ci est une pure génération qu'accomplit la nature avec le secours de l'art et dans laquelle intervient un accouplement du mâle et de la femelle d'où s'engendre un produit grandement plus noble que ses parents.

« Hæc enim mera generatio est, quæ per naturam fit arte ministrante, in qua maris et fœminæ copula intercedit, unde proles parentibus longe nobilior educitur ».

Le Soleil est le mâle qui émet une semence active et formatrice ; la Lune est la femelle, la mère, qui reçoit dans son sein la semence du mâle et qui la nourrit de son menstrue.

Nous examinerons plus tard ce qu'il faut entendre exactement de ce mâle et de cette femelle, n'envisageant, dès maintenant, que ce qui a rapport à leur conjonction, ce qui est relatif à la matière hermaphrodite que l'on introduit dans l'œuf pour qu'elle y subisse la coction philosophique qui de puissance doit la conduire à acte.

Les noms que nous citons ne sont pas les seuls que les alchimistes attribuent aux deux termes de notre antithèse, et pour faciliter les recherches du lecteur nous donnerons d'après le Cosmopolite une liste complémentaire des principaux (1) :

Le volatil.	Le fixe.
L'argent vif.	Le souphre.

1. Cosmopolite. *Traité du Sel*, Paris, 1669, p. 25.

Le supérieur.	L'inférieur.
L'eau.	La terre.
La femme.	L'homme.
La Reine.	Le roi.
La femme blanche.	Le serviteur rouge.
La sœur.	Le frère.
Beya.	Gabric.
Le souphre volatil.	Le souphre fixe.
Le vautour.	Le crapaud.
Le vif.	Le mort.
L'âme ou l'esprit.	Le corps.
La queue du dragon	La tête du dragon.
Le ciel.	La terre.

L'auteur du *Novum lumen chemicum* appelle ces deux parties les deux substances mercurielles ou le double mercure du Trévisan et ces termes autorisent une interprétation erronée que certains alchimistes n'ont pas su éviter et contre laquelle nous voulons prémunir le lecteur.

Il n'existe pas, en effet, comme on pourrait le croire, deux sortes de mercure, mais dans le mercure, comme dans toutes choses, on trouve un Soufre inné et un Mercure.

Ce Soufre inné préexiste même dans l'élément matériel mercuriel de l'œuvre lorsqu'on le réunit à l'élément formel, et c'est ce qui a fait dire aux alchimistes, sous une forme imagée, que l'on pouvait conjoindre la vierge ailée à un second mâle sans craindre qu'il se commette un adultère (1).

Dès que les deux principes sont réunis, diverses images servent à fixer l'activité qui se manifeste dans l'œuf, mais le symbole le plus expressif est évidemment celui de l'Ouroboros ou du dragon dont la tête, ou le Soufre, dévore la queue, qui est le Mercure (2).

Nous empruntons à l'ouvrage de M. Berthelot sur les alchimistes grecs (3) le fragment d'un texte qui commente très exactement ce symbole :

« Voici le mystère : Le serpent ouroboros (mordant sa queue), c'est la composition qui dans son ensemble est dévorée et fondue, dissoute et transformée par la fermentation. Elle devient d'un vert foncé et la couleur d'or en dérive. C'est d'elle que dérive le rouge appelé couleur de cinabre ; c'est le cinabre des philosophes.

« 2. — Son ventre et son dos sont couleur de safran ; sa tête est d'un vert foncé ; ses quatre

---

1. Le mercure est aussi comparé à la Vénus hermaphrodite.
2. Nous verrons dans la suite que si on embrasse à la fois le contenu et le contenant, la matière et le vase qui la renferme, il est plus traditionnel de comparer cet ensemble à un « œuf », et de considérer la coction comme une opération analogue à l'incubation.
3. Berthelot : *Collection des anciens alchimistes Grecs.*

pieds constituent la tétrasomie (1) ; ses trois oreilles sont les trois vapeurs sublimées.

« 3. — L'Un fournit à l'Autre son sang; et l'Un engendre l'Autre. La nature réjouit la nature ; la nature charme la nature ; et cela non pas pour telle (nature) opposée à telle autre, mais pour une seule et même nature (procédant), d'elle-même par le procédé (chimique), avec peine et grand effort.

« 4. Or toi, mon ami très cher, applique ton intelligence sur ces matières et tu ne tomberas pas dans l'erreur ; mais travaille sérieusement et sans négligence jusqu'à ce que tu aies vu le terme (de ta recherche).

« 5. Un serpent est étendu, gardant ce temple (et) celui qui l'a dompté ; commence par le sacrifier, puis écorche-le, et après avoir pris sa chair jusqu'aux os, fais en un marchepied à l'entrée du temple ; monte dessus et tu trouveras l'objet cherché. Car le prêtre, d'abord homme de cuivre, a changé de couleur et de nature et il est devenu un homme d'argent ; peu de jours après, si tu veux, tu le trouveras changé en un homme d'or. »

L'addition d'un soufre d'or ou d'argent au mer-

---

1. M. Berthelot fait remarquer qu'il faut entendre par là : « les quatre métaux imparfaits plomb, cuivre, étain, fer exprimés par un seul mot ».

En cela il commet une grave erreur car le mot « Tétrasomie » désigne les quatre éléments.

cure philosophique n'est pas indispensable car ce soufre inné, dont nous avons signalé la présence, suffit à provoquer la fermentation alchimique, et ainsi s'explique ce passage de Sendivogius : « Notre argent vif a une vertu et une force si efficaces que de soi il suffit assez, et pour toi et pour lui, c'est-à-dire que tu n'as besoin que de lui seul, sans aucune addition de chose étrangère, vu que par la seule décoction naturelle, il se dissout et se congèle lui-même. »

Mais en ajoutant un soufre bien digeste et bien mûr on abrège le temps de l'opération.

C'est au Trévisan qu'il faut attribuer cette innovation qui consiste à animer l'argent vif par addition d'une pierre ignée.

Pernety est très explicite à ce sujet : « Pantaléon prétend que le Trévisan est le premier des philosophes qui ait introduit le *Mercure animé* dans le Grand Œuvre ; que d'Espagnet, Philalèthe l'ont imité et que tous les philosophes modernes y ont applaudi (1).

C'est le Mercure des Sages animé du soufre métallique par le moyen rapporté dans la *Philosophie des métaux* du Trévisan, dans l'endroit où il

---

1. Pernety. *Dictionnaire Mytho-Hermétique.* Paris, 1758.

parle de la fontaine dans laquelle « il vit dissoudre son livret d'or comme glace dans eau chaude (1) ».

1. A ce propos nous recommandons la lecture du *Traité de la nature de l'Œuf des Philosophes* de Bernard, comte de Trèves (in-8° Paris, 1659).

IV

Le Soufre

Ce mâle, qui conjoint à sa femelle constitue la matière que l'on place dans l'œuf alchimique, est désigné comme nous l'avons vu sous les noms de Roi, de Soleil, de Soufre, etc... qui déterminent plutôt sa fonction dans la matière que sa nature véritable.

D'autre part les alchimistes énumèrent différents ferments ou différents mâles qui semblent collaborer à l'accomplissement de l'œuvre et qu'il est possible de préparer au moyen des métaux parfaits.

« Corpora perfecta, dit d'Espagnet, semine perfectiori prœdita sunt ; sub duro itaque perfectorum metallorum cortice latet perfectum semen, quod qui novit resolutione philosophica eruere, regiam viam ingressus est » (1).

Tout ceci a beaucoup contribué à créer une sorte de confusion dans l'esprit de ceux qui se proposaient d'étudier l'alchimie et de marcher sur les traces des anciens philosophes.

Mais il convient d'observer que dans la prépa-

1. *Arcanum Hermeticæ philosophiæ opus. Colon. Allobrog.*, 1673, p. 10.

ration de la pierre philosophale on distingue l'Œuvre au rouge et l'Œuvre au blanc.

Dans le premier, qui a pour but de fabriquer une poudre de projection susceptible de transformer en or les métaux imparfaits, on se sert d'un ferment rouge qui est extrait de l'Or ou du Soleil.

Dans le second, au contraire, qui doit fournir le moyen de transformer en argent les mêmes métaux, on emploie un ferment blanc qui provient de l'Argent ou de la Lune (1).

C'est pourquoi les alchimistes ont pris soin de nous avertir que lorsqu'ils emploient dans leur Œuvre le Soleil et la Lune, ce n'est pas la Lune du vulgaire qui, lorsqu'elle intervient dans l'Œuvre, remplit elle aussi l'office de mâle :

« Lunæ nomine Lunam vulgarem philosophi non intelligunt qui etiam in opere suo masculus est, et in copulatione masculi partes agit » (2).

Albert Poisson avait très judicieusement remarqué que dans l'Œuvre, l'Or, l'Argent et le Mercure intervenaient, mais il s'était mépris sur le rôle qu'il convient d'attribuer à chacun d'eux. A la suite de ses recherches il avait conclu que l'Or devait fournir le principe mâle (Soufre), et que

1. Voir à ce sujet *Turba philosophorum. L'Amélioration des destinées.* Ch. IX et X.

2. D'Espagnet. *Arcanum Hermeticæ philosophiæ opus.* Colon. Allobrog., 1673, p. 12 et 13.

l'argent devait donner le principe femelle (mercure), or, nous voyons qu'il ne saurait y avoir aucun malentendu à ce sujet (1).

« Les passages indiquant l'Or, l'Argent et le Mercure comme matière sont innombrables », dit Poisson et il s'appuie sur les suivants :

« La matière dont est extraite la médecine souveraine des philosophes est tant seulement Or très pur et argent très fin et notre vif argent. » (Bernard le Trévisan. *La parole délaissée*).

« L'Or, l'Argent et le Mercure constituent la matière de la pierre, après qu'ils ont été préparés selon l'art. » (*Libavius Paraphrasis Arnaldi*).

« Mais je te dis, travaille avec le mercure et ses semblables, tu n'y ajouteras surtout rien d'étranger; sache cependant que l'or et l'argent ne sont pas étrangers au mercure. » Saint Thomas d'Aquin (*Secrets d'alchimie*).

« Mais ces trois métaux ne constituaient que la matière éloignée de la pierre, la matière prochaine c'est le Soufre, le Mercure et le Sel qui en sont tirés. De l'Or on tire le Soufre, de l'Argent le Mercure et du vif argent vulgaire le Sel (2) ».

En cette circonstance M. Figuier, qui avait une

---

1. Albert Poisson. *Théories et symboles des alchimistes*.

2. « Dans l'argent seulement (qu'il soit métalliquement fixé ou embryonné volatil) se trouve l'*argentéité* (*argenteitas*), de même que dans l'or seulement est l'*auréité* (*aureitas* ». H. Kunrath. *Du chaos Hyléalique*. Francfort, 1708.

connaissance assez approfondie des textes alchimiques, est au contraire de notre avis : « Mais quelles sont les deux substances qui peuvent jouer le rôle utile de semence métallique ? Selon la plupart des auteurs, ces deux substances sont : l'or ordinaire qui constitue la semence mâle, et le mercure des philosophes, que l'on nomme aussi le premier agent et qui représente la semence femelle » (1).

D'ailleurs et pour terminer, n'est-il pas manifeste, par ce passage du discours *d'Isis* à son fils *Horus*, que dès la plus haute antiquité telle était bien la pensée des Alchimistes : « De même que le blé engendre le blé et que l'homme sème l'homme ; de même aussi l'or sert à la moisson de l'or et généralement le semblable à celle de son semblable » (2).

Au sujet de l'art et de la manière de préparer la pierre des philosophes Le Cosmopolite fait observer que « la teinture des philosophes n'est autre chose que l'or extrêmement digeste, c'est-à-dire réduit et amené à une suprême digestion ».

L'or, dit-il, est comme la plante il a besoin de mûrir pour produire sa semence et cette maturité est vraiment ce qui différencie l'or du vulgaire de celui des Philosophes.

Nous pouvons ainsi entendre la recommanda-

---

1. Figuier, *Histoire de l'Alchimie*.
2. Berthelot. *Collection des anciens alchimistes grecs.*

tien que nous font les auteurs Hermétistes et comprendre en quel sens il convient de ne pas employer les métaux du vulgaire qui sont morts ayant abandonné leur forme végétative (1).

Les ferments respectifs de l'œuvre au rouge et de l'œuvre au blanc sont donc bien de l'or et de l'argent, mais après qu'ils ont subi une préparation spéciale que nous allons examiner.

« Il existe, dit le Cosmopolite, un métal qui a la puissance de consommer les autres, car il est presque leur eau et presque leur mère : une seule chose, l'humide radical du Soleil et de la Lune lui résiste et s'en trouve amélioré ; il s'appelle Chalybs. Si l'Or s'accouple onze fois avec lui il jette sa semence et est débilité jusqu'à la mort ; Chalybs conçoit alors et engendre un fils plus éclatant que son père ; dans la suite lorsque la semence de celui qui est né est placé dans sa matrice, il la purge et la rend mille fois plus apte à enfanter des fruits excellents (2) ».

1. Il existe plusieurs recueils, qui renferment un grand nombre de traités d'alchimie et qui, pour cette raison se prêtent admirablement à une étude comparative des diverses opinions émises par nos Philosophes. Nommément *Turba Philosophorum*; que nous citerons dans la suite, et *Musœum Hermeticum* reformatum et amplificatum, etc., continens tractatus chimicos XXI præstantistimos. Francofurti et Lipsiæ, 1749.

2. *Cosmopolite ou nouvelle lumière chymique*. Paris, 1669. *De la nature en général*.

Il est assez difficile d'exposer plus clairement les opérations préliminaires qui ont pour but d'extraire cette semence de l'or qui constituera le principe mâle de la matière de l'œuvre, mais pour bien comprendre quelle est la marche à suivre, il est nécessaire de laisser derrière soi les opinions préconçues qu'on pourrait avoir à ce sujet.

On considère qu'il faut commencer par une purification minutieuse des métaux parfaits, purification qui s'opère par l'antimoine pour l'or et par le plomb pour l'argent.

« Que la couronne du Roi soit d'or très pur, dit Basile Valentin (1), et qu'on lui joigne sa chaste épouse : Si donc tu veux opérer en nos matières, prends un loup affamé et ravissant, sujet à cause de l'étymologie de son nom au guerrier Mars, mais de race tenant de Saturne, comme étant son fils.

« L'on le trouve dans les vallées et montagnes toujours mourant de faim : jette lui le corps du roi, afin qu'il s'en soûle ; après qu'il l'aura mangé jette-le dans un grand feu pour y être du tout consommé, et le Roi sera délivré : Après que tu auras fait cela trois fois, le Lyon aura du tout surmonté le Loup, et le Loup ne pourra plus rien consumer

---

1. Basile Valentin. *Les douze clefs de philosophie.* Paris, 1659; p. 54 et 55.
Voir également l'*Atalante* de Michel Maïer.

du Roi, et notre matière sera préparée et prête à commencer l'œuvre ».

Dans la coupellation de l'or par le sulfure d'antimoine on fond ensemble ces deux corps. La masse en fusion se sépare en deux couches : la supérieure renferme les métaux étrangers sous forme de sulfures et l'inférieure contient l'or et le régule d'antimoine. Après avoir répété cette opération un certain nombre de fois il suffit de soumettre l'or à un grillage modéré pour brûler l'antimoine. Il faut éviter de chauffer trop fort, dit M. Berthelot, de *crainte de volatiliser l'or*.

L'antimoine est le loup dévorant des métaux, le bain du roi et du soleil et la purification de l'or s'opère par lui, comme celle de l'argent s'effectue par le plomb dont le symbole est le crapaud.

« Qu'on mette, dit Michel Maïer, un froid crapaud sur le sein d'une femme (l'argent) afin qu'il tète comme un petit enfant, qu'il grossisse à mesure que les mamelles se vident et la femme perdra la vie, c'est ainsi que tu obtiendras un puissant remède vainqueur de tout poison et de toute maladie » (1).

Les alchimistes n'expliquent pas toujours avec clarté quelle est la partie qu'il convient de conser-

1. Michel Maïer. *Atalante*, 1618.
Dans Basile Valentin le symbole du plomb est le vieillard Saturne, armé de sa faux. Cf. la première clef de cet Alchimiste.

ver à la fin d'une opération et quelle est celle qui doit-être rejetée.

Suivant les circonstances et suivant le but qu'on se propose, les choses possèdent de la valeur ou en sont dépourvues. C'est ainsi que nos auteurs manifestent fréquemment du dédain pour l'or et l'argent du vulgaire, alors que leur objectif est de s'en procurer. Il faut donc procéder à un choix judicieux et éviter d'abandonner la proie pour l'ombre (1).

Indépendamment de la purification préliminaire, le métal qui est appelé à fournir le Soufre doit être soumis à un traitement particulier qui précède la conjonction.

Ce traitement étant subordonné à celui qui procure le mercure, lorsqu'il doit-être extrait du vif-argent vulgaire, nous n'en parlerons qu'après avoir exposé ce qui a trait au deuxième principe de l'Œuvre.

---

1. « Nam inspicite mercurium, sulphur vivum et crudum, et antimonium crudum, ita ut ex fodinis afferuntur, hoc est, dum vivunt... » Paracelse. *Opera omnia.* Genève, 1658. *De morte rerum*, p. 92.

Les alchimistes donnaient le nom de régule d'antimoine à l'antimoine; quant aux scories qui se formaient lors de l'extraction de ce dernier elles servaient à préparer le soufre doré d'antimoine.

Voy. là-dessus : Sabine Stuart et De Chevalier. *Discours philosophiques*, etc., T, I, pp. 140, 141, et T. II, p. 220 et suiv.

V

Le Mercure

« Je vous déclare, dit le Cosmopolite, qu'il faut trouver une chose cachée dont on extrait, par un merveilleux artifice, cette humidité qui, sans violence et sans bruit, dissout l'Or aussi naturellement et aussi doucement que l'eau chaude dissout et liquéfie la glace.

« Si vous l'avez découverte vous êtes en possession de la chose dont la nature produit l'Or et les autres métaux ».

Le dissolvant philosophique et la substance primordiale, qui par des actualisations successives forme tous les métaux, sont donc une seule et unique chose, et ceci explique beaucoup de passages obscurs de nos livres où sont identifiés le sujet et l'agent qu'il est nécessaire d'employer.

A ce point de vue notre mercure philosophique est un moyen et une fin (1), car il sert dans notre

---

1. « Maintenant on demandera où doit-on semer naturo-artificiellement l'argent ou l'or pour qu'ils naissent de de nouveau et renaissent, s'augmentent fructueusement, s'améliorent et se multiplient très utilement suivant leur forme. A cela les Philosophes répondent unanimement : Les métaux ne se multiplient pas s'ils ne sont réduits en la « matière première ». « Et les métaux ne sont réduits

œuvre à libérer complétement le ferment mâle des liens de la coagulation, en même temps qu'il constitue par lui-même ce vase de la nature, cette mère des métaux en qui et par qui s'effectue la parturition hermétique.

Cette solution des corps, qui s'opère par l'intervention du dissolvant, s'appelle souvent « réduction en mercure » ; mais cette locution exprime leur retour à un état antérieur à toute coagulation, et non, comme on pourrait le croire, leur transformation totale en « Mercure des Sages ».

C'est en ce sens qu'il convient d'interpréter le passage suivant de Paracelse : « Extrahere corporibus metallicis mercurium nihil aliud est quam ipsa resolvere seu in primam ipsorum reducere materiam, hoc est, mercurium currentem, qualis scilicet erat in centro terræ, ante metallorum generationem, vapor scilicet humidus et viscosus, *continens in sese invisibiliter Mercurium et Sulphur naturæ* » (1).

Le mot Mercure, qu'accompagne souvent un qualificatif quelconque, prend dans la bouche des alchimistes un certain nombre de significations

---

en la première matière que par l'intervention de la première matière, c'est-à-dire du Mercure Universel qui est le premier né (*primogenitus*) du Monde ».
H. Kunrath. *Du chaos hyléalique.*

1. Paracelse. *Opera omnia*, Genève, 1658. Ratio extrahendi ex omnibus metallis mercurium Paracelsica.

qu'il est indispensable de connaître pour ne point tomber à chaque pas dans l'erreur.

1º Après la préparation du premier degré et la sublimation philosophique on l'appelle *mercure sublimé*.

C'est le mercure dissolvant ou le mercure femelle dans toute sa simplicité. Il se présente alors, disent les philosophes, sous forme d'eau, et Philalèthe le dépeint comme étant une eau ou vapeur sèche, visqueuse, très subtile, remplie d'acidités et se dissipant aisément au feu. Il dissout les métaux par une dissolution naturelle et réduit ainsi leur esprit de puissance en acte ou plus exactement détermine leur actualisation progressive en supprimant l'obstacle qui l'arrêtait. Cette eau est extraite d'une minière dont on a eu grand soin de taire le véritable nom, mais à qui en revanche on en a donné une infinité d'autres par le procédé que nous indiquions plus haut.

Maghésie, Plomb, Chaos, etc., etc.

3º Dès que le mercure simple a été conjoint à une seconde matière il prend le nom de mercure *composé* ou *animé*.

C'est à proprement parler le véritable *Mercure des Philosophes*, et nous ferons observer, à l'appui de ce que nous disions plus haut, que cette opération comporte une réduction (celle de l'or) et une conjonction (celle des deux époux) et manifeste ainsi toutes les vertus et qualités du dissolvant.

« Deinde in præparatione secunda, dit d'Espagnet, que ab autoribus prima nuncupatur, quia primam omittunt ; Sole jam reincrudato, et in primam suam materiam resoluto, hujusmodi mercurius corporum, sive philosophorum propriè dicitur; tunc materia vocatur Rebis, Chaos, totus mundus, cui omni operi necessaria insunt, quia illa unica lapidi perficiendo sufficit ».

A ce degré de l'œuvre la matière s'appelle *Rebis, Laiton, Airain des Sages, Chaos*, etc., et les termes abondent, qui symbolisent soit sa composition, soit le mouvement qui postérieurement doit s'y manifester.

3. — Enfin certains philosophes appellent mercure leur Elixir parfait et leur médecine teingeante, mais d'Espagnet fait observer que c'est improprement, car ce terme doit s'appliquer à une chose ayant encore quelque volatilité et non à une chose très fixe comme l'Elixir.

Si on considère qu'il y a encore le mercure principe constitutif des corps et le mercure vulgaire ou commun et que la solution philosophique d'un corps est qualifiée réduction en mercure, on comprend aisément qu'il puisse naître quelque confusion dans l'esprit de celui qui étudie l'Alchimie et qui n'a pas été prévenu.

On objectera que si pour dissoudre un corps et procéder à l'extraction du mercure qu'il renferme, il est nécessaire de posséder déjà un dissolvant mercuriel, on tourne dans un cercle vicieux dont il est impossible de sortir.

Mais les Philosophes ont pris soin d'avertir qu'il existait, par le monde, une chose, qui se présente sous plusieurs aspects, suivant la nature des impuretés qui s'y trouvent mélangées, et dont, avec beaucoup de fatigue et de temps, on peut extraire un Mercure très abondant.

« Il n'y a que le mercure métallique qui, par la vertu qu'il possède de fixer la teinture et de se perfectionner, devienne actuellement or ou argent parce qu'il était auparavant or ou argent en puissance ».

Le degré de cette actualisation détermine le degré de la coagulation et c'est évidemment aux deux extrêmes de l'échelle métallique et minérale qu'il faut aller quérir nos matériaux.

Toutes choses renferment plus ou moins de *Mercure*, mais à l'inverse du *Soufre*, qui atteint sa plus grande perfection dans les métaux rares comme l'or et l'argent, le mercure possède toute son excellence, toute sa puissance, dans les minéraux imparfaits.

L'antimoine et les corps de sa nature, mieux doués que l'or et l'argent à ce point de vue ne sont pas cependant des minéraux dont on puisse avantageusement extraire le mercure (1).

1. Cf. Raymond Lulle. *Secreta secretorum*. libri tres. Cum opusculo D. Thomæ Aquitanis, *De esse et essentia mineralium*. Coloniæ, 1592.

Avant d'aller plus loin, nous ferons remarquer que les corps dont le mercure est copieux sont en même temps ceux dont la solution s'obtient facilement.

M. Dumas faisait observer dans ses Leçons : « Que les corps se combinent avec d'autant plus de force que leurs propriétés sont plus opposées et qu'ils se dissolvent d'autant mieux qu'ils se ressemblent davantage......

« Avez-vous des métaux à dissoudre, dit-il ; pour cela, prenez d'autres métaux ; le mercure, par exemple, conviendra le plus souvent...... Sont-ce des corps très hydrogénés, ce sont ordinairement des dissolvants très hydrogénés, que vous devez choisir (1) ».

Les alchimistes, disions-nous, n'ont jamais prononcé le nom de la matière ou des matières dont on peut extraire l'*Eau mère dissolvante.*

Cependant il nous ont fait une description très exacte de ses propriétés physiques, et si parfois ils se contredisent, cela tient uniquement à ce que cette matière première, au sens industriel, ne se présente pas invariablement sous le même aspect.

A notre connaissance un certain Arménius n'a pas craint d'écrire son nom en toutes lettres, il l'avoue lui-même, et il est probable qu'un certain nombre de Philosophes ont dû l'imiter.

1. Dumas. *Leçons sur la philosophie chimique.* Paris (s.d.)

« Provenit aliquando per se in lucem induta veste aliqua, prœsertim in locis ubi non habet adhærere alicui ; cognoscitur ita, quia res omnis ex tribus principiis est composita : In materia vero metallorum unica tantum sine conjunctione, excepta veste vel ejus umbra ; scilicet sulphure, etc. (1) ».

Il est donc admis par Sendivogius, qu'après avoir subi une sorte de stagnation dans son procès évolutif, elle peut en quelque sorte se manifester dans son état le plus primitif et sans mélange de superfluités et cette conception est susceptible de généralisation puisque d'Espagnet admet même que les volcans puissent nous fournir un spécimen de cette masse confuse et informe que les alchimistes s'inspirant de la genèse ont appelée le Chaos :

« Antiquæ illius massæ confusæ, seu materiæ primæ specimen aliquod nobis natura reliquit in aquâ siccâ non madefaciente, quæ ex terræ vomicis, aut etiam lacubus scaturiens, multiplici rerum semine prœgnans effluit, tota calore etiam levissimo volatilis ; ex quâ cum suo masculo copulatâ qui intrinseca Elementa eruere et ingeniose separare ac iterum conjungere noverit, pretiosissimum naturæ et artis arcanum, imo cœlestis Essentiæ compendium adeptum se jactet » (2).

---

1. *Novum lumen chemicum. De vera prima metallorum materia.* Colon. Allobrog. 1673. p. 12 et 13.
2. *Enchiridion physicæ restitutæ*, p. 34.

Quoi qu'il en soit, et pour revenir à cette chose indispensable nous pouvons affirmer qu'il faut la chercher dans les substances les plus voisines de la matière primordiale et en conséquence, que l'on s'inspire, soit de la doctrine alchimique, soit au contraire des enseignements de la chimie et de la géologie modernes (1), dans le voisinage de l'eau et des métaux alcalins, mais en distinguant les formes d'évolution des formes de minéralisation.

Cependant des textes nombreux nous autorisent à considérer le mercure proprement dit ou l'un de ses sels comme la substance dont il faut extraire le principe femelle de l'œuvre, et il paraît assez difficile de concilier cette opinion avec celle que nous venons d'exposer (2).

Cette difficulté disparaît si l'on considère, suivant ce que nous avons déjà dit, que le Mercure des Philosophes est simultanément leur dissolvant et leur matière femelle.

Pour obtenir le dissolvant il faut nécessairement s'adresser à un corps qui puisse le fournir sans l'intervention d'un agent philosophique. Puis, si pour des raisons de temps ou de lieu ce corps est trop rare pour que l'on puisse en extraire la tota-

---

1. Paracelse, Crookes, Mendeléeff, Lothar Meyer, De Launay, Contejean, etc., etc.
2. Cf. *Turba Philosophorum* (*Clangor buccinæ*. Ch. III. C'est dans le mercure que les Sages cherchent toutes choses).

lité du mercure nécessaire à la préparation et aux multiplications de la Pierre, on peut désormais, à l'aide du dissolvant ainsi obtenu, résoudre des corps ayant atteint un certain degré de minéralisation.

Or il est manifeste que les Philosophes qui durent procéder ainsi empruntèrent en dernier lieu leur Mercure philosophique au vif argent vulgaire. La place que ce corps occupe dans l'échelle minérale, l'abondance de son principe mercuriel, le peu de fixité qu'il possède, légitimaient amplement cette préférence. Enfin les particularités curieuses que présentent certains de ses gisements le rattachent assez immédiatement à cette matière primordiale d'origine centrale dont nous avons parlé précédemment.

D'Espagnet, entre plusieurs autres, autorise cette manière de voir, car il déclare très nettement que si la Lune ou Mercure des Philosophes n'est pas l'argent vif naturel, du moins elle en est extraite par des opérations qui restent secrètes et qui ont pour but de séparer la substance des accidents, le pur de l'impur, et de rendre occulte ce qui est manifeste.

Si nous récapitulons ce que nous avons dit des principes de l'œuvre il faut donc admettre que c'est à l'or et à l'argent qu'il faut s'adresser pour obtenir, soit le Soufre d'or (œuvre au rouge), soit le Soufre d'argent (œuvre au blanc), et qu'en l'absence d'un corps naturellement volatil, c'est du vif-argent proprement dit qu'il convient d'extraire le Mercure Philosophique.

Albert Poisson avait réussi, à travers les divers symboles qui les voilent, à distinguer ces trois corps, mais nous avons vu qu'il s'était mépris sur le rôle qu'il convient de leur attribuer respectivement dans le Grand Œuvre.

Il avait en outre parfaitement observé que la grande difficulté de l'opération résidait dans les manipulations préliminaires qu'il était indispensable de leur faire subir, et cela en raison de l'ignorance où l'on était de la forme chimique qu'il convenait de leur donner et de la nature des dissolvants qu'il était nécessaire d'employer.

Or, l'ensemble de ces manipulations constitue, à proprement parler, ce que les Alchimistes appellent la *calcination philosophique*, et cette opération qui a pour but d'ouvrir les corps et de les rendre aptes à donner leur substance est applicable à l'élaboration des deux principes de l'œuvre, à la préparation du mâle et de la femelle, du Soufre et du Mercure.

Elle crée dans tous les corps un état semblable et chaque corps suivant sa nature, suivant sa place, fournit alors ce qu'il renferme.

Nous examinerons donc maintenant, autant qu'il nous sera possible de le faire, comment on peut obtenir cette *calcination philosophique* du mixte minéral.

VI

CALCINATION PHILOSOPHIQUE.

Après ce que nous avons dit précédemment il est facile de prévoir que la calcination philosophique comportera des opérations fort différentes suivant qu'on travaillera sur des corps de nature minérale (*fixes et minéralisés*), ou sur des corps exempts de toute coagulation (*volatils et à l'état embryonnaire*).

Dans le premier cas il faut déterminer de véritables réactions chimiques; dans le second au contraire il suffit d'effectuer quelques manipulations physiques.

La plupart des chercheurs modernes ont admis que les Philosophes faisaient usage dans la préparation de leur matière de liqueurs acides plus ou moins complexes.

C'est ainsi que l'Alchimiste Albert Poisson est d'avis, sans insister sur les détails de l'opération, que l' « Or » doit être dissous dans l'*eau régale*, après avoir été purifié par l'*antimoine* (1), et

1. En dissolvant l'or dans l'eau régale on obtient une combinaison de trichlorure d'or et d'acide chlorhydrique

l' « Argent » dans l'*eau forte* (acide azotique) ou dans l'*huile de vitriol* (acide sulfurique) après coupellation par le *plomb*.

On fait ensuite cristalliser les solutions, et les sels ainsi obtenus sont décomposés par la chaleur.

(au Cl^3HCl), qui se présente, après évaporation, sous forme de cristaux jaunes. En chauffant ce composé on chasse l'acide et il reste une poudre brune et déliquescente qui est le chlorure aurique.

A l'exemple de Poisson certains modernes ont attribué une grande importance au chlorure aurique et n'ont pas hésité à qualifier d' « Or potable » sa solution dans un véhicule approprié.

Peut-être se sont-ils inspirés de la préparation de l' « Or potable de mademoiselle Grimaldi » que l'on trouve ainsi décrite dans l'éditon de 1756 du *Cours de Chimie de Lémery* : « Prenez un demi-gros d'or le plus pur, faites-en la dissolution dans deux onces d'eau régale ; versez sur cette dissolution, dont la couleur sera d'un beau jaune, une once d'huile essentielle de romarin ; mêlez bien ensemble les deux liqueurs ; laissez le tout en repos, bientôt après vous verrez l'huile, teinte d'une belle couleur jaune, surnager l'eau régale qui aura perdu toute sa couleur ; séparez l'une d'avec l'autre vos deux liqueurs, au moyen d'un entonnoir, par l'extrémité duquel vous laisserez écouler toute l'eau régale, et que vous boucherez avec le doigt aussitôt que l'huile sera prête à passer ; recevez cette huile dans un matras et la mêlez avec cinq fois son poids d'esprit de vin rectifié ; bouchez votre matras avec de la vessie mouillée ; mettez le mélange en digestion sur le bain de sable pendant un mois ; au bout de ce temps il aura pris une couleur pourpre et une saveur gracieuse mais un peu amère et astringente. »

Il ne reste plus qu'à reprendre le résidu de la calcination par un dissolvant approprié.

Cette conception du mode opératoire mérite d'être prise en considération, car elle s'appuyait sur une étude consciencieuse des écrivains Alchimistes, mais outre qu'elle conduirait plutôt à une calcination chimique qu'à une véritable calcination philosophique, elle est trop brièvement exposée pour pouvoir être utile à ceux qui voudraient s'en inspirer.

Nous allons essayer d'acquérir une notion plus précise de ces opérations préliminaires en nous livrant à une étude comparative des différents procédés que nous ont transmis les Alchimistes.

Nous pourrons ainsi constater qu'il existe une certaine concordance entre eux, et qu'il est possible de relever un certain nombre de points communs qui conduisent à admettre que le processus général comprend :

1° La préparation d'une liqueur acide ;

2° L'introduction d'un *mercure végétable* dans cette liqueur ;

3° L'addition d'un sel de mercure au liquide ainsi obtenu.

La deuxième opération fournit ce que nous appellerons ultérieurement l'*Eau ardente*, et nous ferons observer dès maintenant que le *mercure végétable* qui est employé constitue la véritable inconnue du problème que nous avons à résoudre.

Enfin la distillation de la liqueur obtenue par la troisième opération fournit d'une part ce que les alchimistes nomment leur *vinaigre métallique très aigre* et d'autre part, si la température n'a pas été trop élevée, une masse saline que des manipulations secondaires permettent d'amener à l'état mercuriel.

Ceci posé nous avons à rechercher la composition de la liqueur acide, ainsi que celle du sel de Mercure, et à déterminer, autant qu'il nous sera possible, la nature du mercure végétable.

Nous avons admis qu'il fallait procéder parallèlement dans la préparation des Soufres et du Mercure, en conséquence la méthode que nous décrirons sera applicable aux deux opérations, mais il y a lieu de faire quelque réserve sur la forme que doivent revêtir les métaux, car elle peut être spéciale pour chacun d'eux.

D'autre part il convient de noter que certains auteurs ne jugent pas à propos de calciner philosophiquement l'or ou l'argent, mais se bornent, les ayant purifiés par l'antimoine ou par le plomb, à les réduire en limaille avant de les conjoindre au Mercure qui devra les dissoudre (1).

1. Telle semblerait l'opinion de *saint Thomas d'Aquin* : « Prends, dit-il, le soleil bien épuré, c'est-à-dire chauffé au feu, ce qui donne le ferment rouge. » *Traité sur l'art de l'alchimie* (Ch. V). En admettant qu'il suffise de purifier l'or on y parviendra aisément par fusion avec l'antimoine, ce qui est le véritable procédé alchimique.

Ceci nous permettra de comprendre certaines variantes que les alchimistes introduisent dans la préparation de leur *amalgame*.

A l'or et à l'argent métallique ils peuvent substituer le résultat d'une *calcination chimique* et employer indifféremment dans la réduction des métaux précieux la partie volatile ou la partie fixe de leur magistère.

Albert le Grand nous a laissé la description de quelques opérations ayant pour but la préparation d'un *vinaigre très aigre* qui peut être employé pour réduire les corps en leur matière première (1).

Ces opérations, que nous nous contenterons d'énumérer rapidement, renvoyant le lecteur pour plus de détails au texte original, peuvent être utiles à connaître si l'on observe que l'or et l'argent sont indispensables pour la préparation des soufres rouge et blanc, mais qu'il est peu pratique *en raison de leur valeur* d'y chercher le mercure.

On prépare successivement : 1° *Mercure sublimé*. Obtenu par sublimation d'un mélange de vitriol, de sel et de mercure.

2° *Eau première*. — Extraite par distillation d'un mélange de vitriol romain, de salpêtre et

---

1. On en trouvera une traduction dans l'ouvrage d'Albert Poisson intitulé : *Cinq traités d'Alchimie des plus grands Philosophes*.

d'alun que l'on chauffe assez violemment dans une cornue de grès munie d'un récipient.

3° *Eau seconde*. — Préparée par addition de sel ammoniac à l'eau forte précédente.

4° *Eau troisième*. — Obtenue en dissolvant dans l'*Eau seconde* le *mercure* sublimé préparé au début.

5° *Eau quatrième*, retirée par distillation de l'eau troisième qui, auparavant, a été putréfiée suivant le procédé alchimique. Ce dernier produit est appelé aussi *vinaigre très aigre* et Albert le Grand indique comment il faut l'employer pour *extraire le mercure de l'or et de l'argent*.

Il est assez difficile de connaître l'opinion de Paracelse à ce sujet, car il a pris soin de disséminer dans ses œuvres les passages relatifs aux opérations préliminaires du Grand œuvre alchimique.

Cette dissémination n'ayant pas été faite au hasard, on doit pouvoir cependant retrouver la succession des opérations, et il est certain que cette recherche ne serait pas inutile.

Il s'occupe de l'extraction des *Eléments*, de celle *de la quintessence*, de la confection des magistères, *des arcanes*, des spécifiques, des Elixirs (1), dans un ordre que nous conservons tout en soulignant celles de ces choses qui ont particulièrement rapport à notre sujet.

---

1. Paracelse. *Opera omnia, Archidox*. Genève, 1658.

Les arcanes qui manifestent les vertus occultes des choses non dans leur état naturel, mais alors qu'elles ont été exaltées par l'Art, sont au nombre de quatre : celui de la *Matière première*, celui de la *Pierre des Philosophes*, celui du *Mercure de vie* et enfin celui de la *Teinture*.

Pour l'extraction des Eléments, Paracelse prépare une eau forte tirée d'un mélange de sel de nitre, de vitriol et d'alun. « In hac aqua forti, dit-il, clarifica argentum et postea in ipsa sal ammoniacum solve. » Il fait agir ensuite cette eau sur les métaux après qu'ils ont reçu une préparation convenable (mercurius est sublimandus), mais il convient de noter que dans la suite il emploie les mots Luna et Mercurius pour désigner l'argent et le vif-argent (1).

Dans la préparation des quintessences il décrit en premier lieu celle du sel, qui est connue sous le nom de *Petit circulé*, mais d'une manière tellement obscure que c'est en vain qu'on a cherché à suivre ses indications.

Peut-être avec un peu de sagacité pourrait-on remédier au laconisme de Paracelse ; ce serait à souhaiter, car en ajoutant à ce petit circulé un mercure sublimé, qui doit être préparé de la même manière que celui d'Albert le Grand, on obtient

1. Paracelse. *Opera omnia*. Genève, 1658 (*Archidox* (Lib. II et III).

une liqueur, qui, après diverses manipulations secondaires, fournit par distillation le *Grand circulé* ou *vinaigre métallique très aigre*.

Avec ce dernier produit l'auteur des *Archidoxes* entreprend la préparation des *Arcanes*, et nous ferons observer au lecteur, qu'après nous avoir annoncé que l'arcane de la Matière première était le premier, il entreprend de suite la description de celui de la Pierre des Philosophes, qui dans son énumération n'était que le second.

Nous avons dit que Paracelse nous avait laissé une description assez incomplète de la préparation du *Petit circulé* (1) et que par suite il était assez difficile d'établir une liaison entre les diverses opérations qui constituent le passage de l'extraction des Eléments à celle de la quintessence, or il est possible de trouver chez certains auteurs le moyen de remédier à cet état de choses.

C'est ainsi que *Jean Fabre*, dans son *Myrothecium Spagyricum* (2), décrit un ensemble de préparations minérales parmi lesquelles figurent celles d'une quintessence de sel commun et d'une quintessence d'argent vif qu'on peut, à ce point de vue, étudier très fructueusement. Mais il convient d'observer que cet alchimiste déclare au début

---

1. Paracelse. *Opera omnia*. Genève, 1658. *Archidox*. p. 38 (Præparatio salis circulati).

2. Fabre. *Myrothecium Spagyricum*. In-8. Toulouse, 1628.

qu'il est nécessaire d'extraire du vitriol (*sal metallorum*) un esprit qui est indispensable pour la préparation des quintessences, mais dont il oublie cependant de faire mention lorsqu'il décrit chaque *Recipe* en particulier.

Pour terminer nous ferons remarquer que Paracelse dans son *Thesaurus Thesaurorum Alchimistarum* recommande dans l'article intitulé *De Sulphure Cinnabarino* de cuire le Cinabre dans l'eau de pluie et de le dissoudre ensuite dans une eau régale qu'il tire indifféremment d'un mélange de vitriol, de sel de nitre et de sel ammoniac, ou de vitriol, de salpêtre, d'alun et de sel.

Cette opération est très vraisemblablement analogue à celle qui précède la préparation des *Arcanes,* mais elle présente une variante du mode opératoire.

En outre le *Cinabre* a été substitué au *mercure sublimé*, mais il convient d'observer que les Alchimistes emploient assez fréquemment ce nom pour désigner une matière renfermant le Soufre et le Mercure philosophiques (1).

Ainsi, au début de l'opération, il est nécessaire de préparer une eau forte que l'on modifie assez profondément ensuite par l'adjonction d'un mercure végétable qui paraît être le sel ammoniac.

---

1. Paracelse. *Opera omnia*. Genève, 1658 (Thesaurus Alchimistarum, p. 126).

Nous disons que le sel ammoniac est la substance mystérieuse qui *paraît* devoir être ajoutée à l'eau forte parce qu'il est assez vraisemblable qu'il faut lui substituer quelque corps de même nature ayant été moins coagulé.

Par « Mercure végétable » il faut entendre en effet un mercure qui n'est pas retenu par les liens de la coagulation et qui en conséquence reste susceptible d'évoluer. Or le chlorure d'ammonium présente un degré de minéralisation qui, pour faible qu'il soit, entrave cependant son action. Il est assez vraisemblable que certains artistes aient pu, grâce à une exécution minutieuse des opérations, obtenir avec lui quelques résultats, ainsi qu'ils l'ont déclaré, mais il n'est pas surprenant qu'ils n'aient pas réussi à rendre leur pratique avantageuse et utile.

Quant aux trois métaux or (1), argent et mer-

1. Il ne faudrait pas croire que seul le chlorure d'or ait été connu de nos anciens et que par suite les recherches des modernes soient nécessairement fort circonscrites.

A titre d'exemple nous rappellerons qu'après avoir dissous l'or dans l'eau régale ils savaient précipiter cette solution par l' « huile de tartre par défaillance » ou par l' « Esprit de sel ammoniac » pour obtenir l'hydrate d'or ou acide aurique $(Au(OH)^3)$, ou l'ammoniure d'or $(Au^2O^3(AzH^3)^4)$. (*Crollius, Chymie royale*, Genève, 1631).

Ils connaissaient encore la « Pourpre de Cassius », et savaient dissoudre l'or dans le sel de nitre et dans les persulfures alcalins.

Enfin ils avaient observé que l' « or fulminant » chauffé progressivement avec du soufre perd sa vertu fulminante et prend une coloration rouge pourpre.

cure sur lesquels, suivant le but qu'on se propose, on doit faire agir l'Eau ardente, il est nécessaire, suivant l'expression des alchimistes, qu'ils soient ouverts chimiquement.

Tel est le procédé qui a attiré l'attention des chercheurs modernes et que certains d'entre eux ont essayé de mettre en application.

Est-ce celui des véritables Philosophes ? Bien qu'il mérite d'être pris en considération et qu'il soit susceptible de fournir des résultats, à condition évidemment que l'on réussisse à parachever sa restauration, nous ne le pensons pas.

Nos auteurs les plus dignes de foi paraissent avoir travaillé différemment et sans avoir recours au règne minéral pour lui emprunter violemment la matière première du Grand Œuvre (1).

---

1. « Notre Soleil et notre Lune, Soufre et Mercure, sont extraits, dit Kunrath, de notre terre universelle Saturnienne ou minière de la magnésie ».

H. Kunrath. *Du Chaos Hyléalique*. Francfort, 1708.

Basile Valentin déclare que la préparation se fait au moyen d'une « matière métallique », mais que cette matière n'est pas l'or, l'argent, le mercure, l'antimoine, le nitre ou le soufre.

« Cette préparation n'est autre chose que bien laver et mettre en menues parties par l'eau et le feu ».

Basile Valentin. *Azoth ou le moyen de faire l'or caché des Philosophes*. Paris, 1659, p. 78.

« Il semble qu'ils aient découvert dans la nature une substance spéciale qui, après une élaboration adéquate, a pu leur fournir ce Soufre et ce Mercure dont ils avaient besoin pour leur réalisation.

A ce sujet on trouvera dans le *Traité du sel* du *Cosmopolite*, et aussi dans les ouvrages de *Kunrath* des renseignements précieux.

Ces deux auteurs semblent indiquer assez clairement où il faut chercher cet *Azoth des Sages*, qui est la semence des métaux et qui a été composé « par la nature dans un égal tempérament et proportion des Eléments, et dans une concordance des sept planètes » (1).

Le premier, en particulier, insiste longuement, mais non sans quelques restrictions, sur la marche qu'il convient de suivre pour isoler le seul et unique mercure des métaux qui est en forme de sperme cru et non mûr et que l'on nomme hermaphrodite parce qu'il renferme dans son ventre son mâle et sa femelle, son agent et son patient.

Aux opérations que nécessitent la solution et la purification de la « minière » succèdent celles qui ont pour but de réaliser la séparation des deux substances mercurielles ou double mercure du Trévisan.

« En la partie supérieure spirituelle et volatile réside la vie supérieure de la terre morte, et en la

---

1. Cosmopolite. *Traité du sel*. Paris, 1669. P. 5 et 6.

partie inférieure terrestre et fixe, est contenu le ferment qui nourrit et qui fige la pierre, lesquelles deux parties sont d'une même racine, et l'une et l'autre se doivent conjoindre en forme d'eau ».

Ces deux parties que le Cosmopolite appelle « la femme blanche et le serviteur rouge » ne se conjoignent pas aisément, et le mariage philosophique nécessite de la part de l'opérateur un certain tour de main qui ne s'acquiert pas facilement.

C'est évidemment à propos de ce dernier procédé que nos philosophes ont déclaré que la résolution alchimique ne comportait l'intervention d'aucune eau forte et corrosive et qu'elle devait être obtenue doucement et sans violence (1).

Nous avons vu cependant que si l'opérateur, pour l'extraction du mercure philosophique, s'adresse à des corps possédant un certain degré de coagulation il est indispensable qu'il recourre aux acides, mais à des acides qui, pour employer une formule usuelle de la chimie moderne, possèdent une fonction caractéristique née de l'adjonction du mercure végétable.

---

1. On consultera utilement l'ouvrage de Stuart de Chevalier. *Discours philosophiques sur les trois principes : animal, végétal et minéral, ou la Clef du Sanctuaire philosophique*, etc., Paris, 1781.

On pourra en outre étudier à ce propos *Turba philosorum*, p. 260. (*Petit traité* d'Avicenne).

VII

Préparation de l'amalgame

Les alchimistes ont donné analogiquement à leur matière le nom d'amalgame parce qu'elle résultait de l'union du ferment métallique rouge ou blanc et du mercure.

Cette conjonction des deux principes qui séparément ont reçu la préparation convenable constitue la dernière phase des opérations préliminaires ayant pour but de mettre la matière en état d'être introduite dans l'œuf.

A cette occasion nous ferons remarquer que l'ensemble du travail se divise en trois parties.

Dans la première on prépare la matière.

Dans la seconde, alors qu'elle est enfermée hermétiquement dans l'œuf, on lui fait subir la coction philosophique.

Dans la troisième enfin, après l'avoir sortie de l'œuf on la multiplie en qualité et en quantité.

La conjonction ne s'effectue pas simplement en mélangeant le Soufre et le Mercure, mais elle doit au contraire être accomplie en se conformant à certaines règles que nous allons indiquer.

On fait chauffer sur un peu de charbon un creuset que l'on tient au moyen d'une pince en fer.

Dès qu'il est rouge on y projette 30 grammes de chaux des philosophes à laquelle on ajoute lorsqu'elle a été échauffée par le creuset 120 grammes de mercure.

On brasse et on agite jusqu'à ce que le mercure ait dissous la chaux.

On verse alors l'amalgame dans l'eau claire et il est nécessaire de le laver jusqu'à ce que l'eau ne retienne plus d'impuretés.

Il faut alors sécher l'amalgame et l'essuyer avec un linge blanc (1).

---

1. Dans son *Traité sur l'art de l'Alchimie*, saint Thomas d'Aquin décrit une opération identique mais indique des proportions différentes : « Prends le soleil commun bien épuré, c'est-à-dire chauffé au feu, ce qui donne le ferment rouge ; prends-en deux onces et coupe-le en petits morceaux avec les pinces ; ajoute quatorze onces de mercure que tu exposeras au feu dans une tuile creuse, puis dissous l'or en le remuant avec une baguette de bois. Lorsqu'il sera bien dissous et mêlé, place le tout dans l'eau claire et dans une écuelle de verre ou de pierre, lave-le et nettoye le jusqu'à ce que la noirceur s'en aille de l'eau, alors si tu y prends garde tu entendras la voix de la tourterelle dans notre terre ». On élimine alors deux onces par expression à travers un sac de peau.

Ainsi le mariage se fait dans la proportion de 1 de chaux pour 4 de mercure, mais comme sous l'influence de la chaleur du creuset un peu de mercure s'envole en fumée, on peut, au moment de la pesée, augmenter faiblement la dose de mercure.

Lorsque le mariage est accompli on vérifie si le poids de la matière ne dépasse pas 150 grammes, car s'il y avait un excès de mercure il faudrait s'en débarrasser en l'exprimant à travers la peau de chamois.

Un excès de mercure aurait en effet l'avantage de faciliter la solution, mais par contre il retarderait d'une façon nuisible la congélation et la coagulation (1).

1. Cf. *Turba Philosophorum* (*Clangor buccinæ*. Cap. XII. Des poids du Ferment, du Soufre et du Mercure).

VIII

Le vaisseau et l'Athanor philosophiques

La matière étant prête il ne reste plus qu'à l'enfermer dans le vaisseau et à placer ce dernier dans le fourneau. Nous allons donc nous occuper successivement de la forme et des dimensions de ces différents accessoires de l'Art Hermétique.

Le vase dans lequel on introduit la matière et qui porte le nom de vaisseau doit être en verre et ses parois suffisamment épaisses pour qu'il ne soit pas trop fragile.

A sa partie inférieure il affecte la forme d'une boule et ressemble aux matras à fond rond qui sont en usage dans nos laboratoires de chimie.

Cette boule est surmontée d'un long col dont le diamètre va en se rétrécissant à mesure qu'on approche de l'orifice.

La contenance de la boule inférieure est à peu près de 340 centimètres cubes, son diamètre étant sensiblement de 8 centimètres, et la hauteur du col est de 20 centimètres.

Ces dimensions sont calculées proportionnellement à nos 150 grammes de matière, qui doivent occuper le 1/3 de la partie sphérique de notre vase (1).

L'*Introduction* de la matière dans le vase ne nécessite aucune précaution spéciale, sinon qu'il faut la répartir à la partie inférieure d'une façon égale et éviter d'en laisser le long des parois.

On ferme alors à la lampe, ce qui s'appelle *sceller hermétiquement*, et pour cela les anciens auteurs recommandent de chauffer l'extrémité du col jusqu'à ce que le verre soit prêt à entrer en

---

1. Des modernes ont appelé « OEuf Hermétique » le vase dans lequel s'effectue la coction de la matière philosophique. Or, cette dénomination doit s'appliquer non pas au vase seul, qui n'est que la coquille de l'œuf, mais au vase renfermant la matière hermaphrodite dont le Soufre et le Mercure sont analogues au jaune et au blanc d'un œuf de poule.

« La cause pour laquelle les Philosophes ont appelé OEuf leur mercure est celle-ci : ainsi que l'œuf est une chose ronde circulaire, contenant en soi deux natures en une substance, le blanc et le jaune, et tire de soi-même une autre chose qui a âme, vie et génération, lorsqu'il en sort un poulet, de même le mercure contient en soi deux choses d'une nature, corps et esprit, et tire de soi l'âme et la vie lorsque le tout est spirituel, d'où après se fait la génération du mai Elixir ».

Bernard, comte de Trèves. *Traité de la nature de l'œuf des Philosophes*. Paris, 1659.

fusion et de le serrer alors avec des pinces rougies au feu.

Il faut enfin luter le vase en ayant soin de ne pas dépasser le niveau de la matière.

Ce lut qui est destiné à augmenter la résistance du vase lorsqu'on donne le 4ᵉ degré de chaleur a reçu des compositions variables. Il est généralement fait d'argile, de sable et de crottin de cheval auxquels plusieurs alchimistes ajoutaient du sel.

La matière étant introduite dans le vase et ce dernier étant scellé et luté, il faut placer le tout dans l'athanor ou fourneau des philosophes.

Avant d'aller plus loin nous ferons observer au lecteur que beaucoup d'alchimistes ont gardé le plus profond silence sur la forme et les dimensions du vase et du fourneau qu'ils employaient. Le peu qu'ils en ont dit est souvent contradictoire, aussi les personnes qui se sont occupées de la question ont-elles généralement renoncé à se faire une idée exacte de l'Œuf et de l'Athanor.

La description que nous en donnons sera aisément contrôlable si on a soin de réunir et de comparer les déclarations incomplètes d'un grand nombre de Philosophes et de bien se pénétrer du but qu'ils se proposaient d'atteindre (1).

---

1. Cf. Glauber. *La description des fourneaux philosophiques*. Paris, 1659.

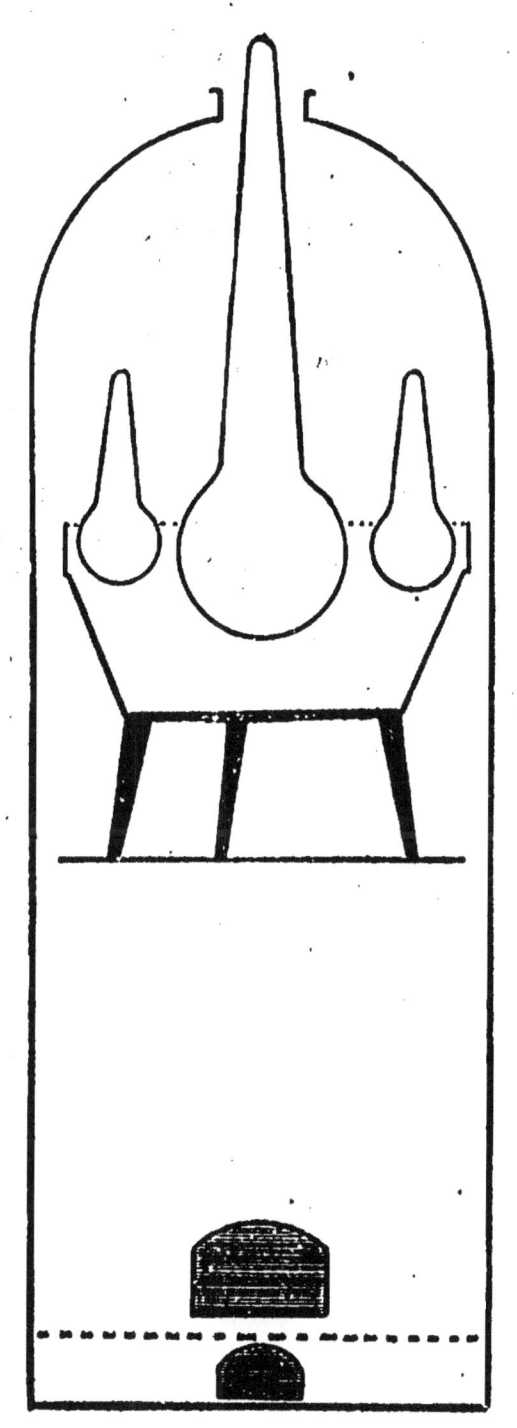

L'Athanor est fait d'argile, de crottin de cheval et de sable. Nos fourneaux reverbère rappellent assez exactement sa forme.

Il comprend une partie cylindrique que surmonte une voûte percée à son sommet d'une ouverture.

Ses parois, celles du fourneau proprement dit, et de la voûte, ont 5 ou 6 centimètres d'épaisseur.

La partie cylindrique a o m. 50 de hauteur et 0,22 centimètres de diamètre interne.

Elle est partagée en deux parties égales par une plaque de fer ronde, percée de trous, et dont le diamètre est sensiblement inférieur au diamètre interne du fourneau. Cette plaque est fixée aux parois du fourneau au moyen de quatre pattes en fer.

Sur la plaque est disposé un trépied de même métal qui supporte une terrine en terre susceptible de résister à un chauffage prolongé et de supporter une température assez élevée dans la dernière période de la coction.

On remplit la terrine de cendres finement tamisées que l'on tasse avec soin et dans lesquelles on enfouit l'œuf de manière à ce que seule la partie lutée et par conséquent la partie contenant la matière soit recouverte.

Il reste ainsi entre les bords de la terrine et le vase philosophique un intervalle qu'on utilise pour chauffer de petits matras renfermant un mercure animé dont nous nous occuperons tout à l'heure.

Dès que tout est ainsi disposé, on place la voûte sur la partie cylindrique, en ayant soin de faire passer le col de l'œuf par l'ouverture du sommet ; puis on lute tous les joints de manière à éviter les déperditions de chaleur, et on ne laisse autour du col de l'œuf que cinq ou six ouvertures de 0,005 de diamètre.

A la partie inférieure du fourneau se trouve une porte qui permet l'entretien du feu.

A hauteur du niveau de la matière de l'œuf il y a en outre une ouverture, munie d'une vitre pour permettre de surveiller la marche de l'opération. Entre temps on recouvre cette vitre d'un petit volet en terre (1).

---

1. Nous ferons remarquer que certains Alchimistes attribuent au mot « Vase » une signification très étendue.

C'est ainsi que D'Espagnet, par exemple (*Arcan. Herm. Philos. opus*, p. 65 et suiv.) distingue le Vase de la Nature et celui de l'Art.

Le premier n'est autre chose que la terre de la pierre, la femelle, la matrice, etc.

Le second qui est triple comprend : 1° le Vase proprement dit ou vaisseau dont nous nous sommes occupé précédemment ; 2° une enveloppe formée de deux hémisphères en bois ; 3° l'Athanor ou fourneau philosophique.

Les deux hémisphères en bois remplacent ici la terrine de cendres, et à propos de cette modification apportée au dispositif général on pourra consulter un autre ouvrage : *Le règne de Saturne changé en siècle d'or*. Paris, 1780.

IX

Coction philosophique. — Les 4 digestions et les 4 régimes du feu. — Les couleurs.

Les alchimistes nous ont laissé entendre qu'à partir du moment où commençait la coction, la réalisation du Grand Œuvre n'était plus que jeu d'enfant comparée aux opérations préliminaires qu'ils assimilent aux travaux d'Hercule ; mais il ne faudrait pas les prendre à la lettre.

Une opération qu'il faut surveiller nuit et jour pendant une année entière, une matière dont il est nécessaire de suivre très attentivement les modifications si on veut être renseigné exactement sur la marche de la coction et pouvoir modifier son feu à l'instant précis où cela est nécessaire, enfin un feu qui ne doit jamais s'éteindre et qui, en dehors des variations qu'on lui fait subir, doit brûler très régulièrement, nécessitent, en effet, de la part d'un opérateur, un ensemble de qualités dont les moindres sont une patience et une persévérance à toute épreuve.

La coction philosophique comprend quatre phases, qui correspondent aux quatre Éléments, et en cela sa durée que l'on désigne sous le nom d'année philosophique est analogue à l'année solaire qui se partage en quatre saisons.

Considérant que la Nature procède lentement et graduellement, non par sauts ; et que l'Art, qui imite la Nature, ne saurait agir autrement, D'Espagnet déclare qu'entre le commencement et la fin de l'Œuvre, entre les deux extrêmes de la Pierre des Philosophes, il existe un certain nombre de degrés intermédiaires, de termes moyens, qu'il ramène à quatre principaux qui caractérisent les quatre phases que nous venons de mentionner.

Suivant lui, ces termes moyens (*media*) sont de trois sortes :

1° *Media materialia* ;
2° *Media operativa* ;
3° *Media demonstrativa* ;

Il considère donc 4 modifications typiques dans la manière d'être de la matière, auxquelles correspondent 4 opérations (la *solution*, l'*ablution*, la *réduction* et la *fixation*) qui ont pour but de les provoquer, et quatre couleurs qui les dénotent à l'opérateur.

Enfin aux *opérations* ou *régimes* correspondent quatre digestions qui s'effectuent par l'intervention du feu dont l'intensité varie pour chacune d'elles.

Si nous voulons acquérir une connaissance parfaite des quatre phases que comprend la coction philosophique nous devrons étudier séparément :

1° Les quatre degrés du feu ;

2° Les quatre opérations qui leur correspondent ;

3° Les modifications qui en résultent soit dans la manière d'être de la matière, soit dans son aspect.

Dans les trois premières phases de la coction, le chauffage se fait au moyen d'une lampe ; dans la quatrième on fait intervenir un feu de charbon de bois.

La plupart des auteurs sont d'accord pour reconnaître que la température du premier degré étant connue, il suffit de doubler, puis de tripler et enfin de quadrupler cette température pour obtenir celle des degrés suivants.

Or dans la première phase on emploie une lampe à huile, munie d'une mèche assez déliée, ce qui donne, dans les conditions où l'on opère, une température voisine de 50° centigrades.

En conséquence on peut considérer que la température de la deuxième phase devra atteindre 100° et que dans la troisième et la quatrième il sera nécessaire de chauffer jusqu'à 150° puis jusqu'à 200°.

Quelques Philosophes déclarent cependant que la température initiale ne doit pas dépasser celle du corps humain, et nous ne cacherons pas que, personnellement, nous inclinerions vers cette manière de voir.

Cependant Albert Poisson, au contraire, adoptait comme point départ une température bien plus élevée que celle que nous indiquions précédemment :

« Le premier degré du feu, dit-il, celui du commencement de l'Œuvre, équivalait environ à 60 ou 70 degrés centigrades : « *Faites votre feu à proportion qu'est la chaleur dans les mois de juin et de juillet.* » (Dialogue de Marie et d'Aros). Il ne faut pas oublier que c'est un Egyptien qui parle...

Les autres degrés se trouvent facilement en doublant, triplant, et quadruplant, à peu près la température du premier degré. Il y en avait quatre en tout. Le second oscille entre la température d'ébullition de l'eau et de fusion du soufre ordinaire, le troisième est un peu inférieur à la fusion de l'étain et le quatrième à celle du plomb » (1).

Quoi qu'il en soit si on considère que le chauffage s'opère avec une lampe à huile munie d'une mèche déliée, et qu'il suffit de doubler, puis de tripler cette mèche pour obtenir la température de la deuxième et de la troisième phase, on se rendra compte qu'un opérateur un peu persévérant ne saurait se laisser arrêter par une aussi petite difficulté.

D'ailleurs nous verrons dans la suite qu'en s'appuyant sur les résultats obtenus il est facile

---

1. Albert Poisson. *Théories et symboles des alchimistes.*

d'apporter au réglage du feu les corrections nécessaires.

Aux *quatre degrés* du feu correspondent *quatre opérations* que le président d'Espagnet appelle : la *solution* ou *liquéfaction*, *l'ablution*, la *réduction* et la *fixation*.

Ces opérations, que certains auteurs désignent un peu différemment, ont pour résultat de déterminer dans la manière d'être de la matière, dans sa composition intime, des modifications, que nos Philosophes ont symbolisées de diverses manières.

C'est ainsi que D'Espagnet compare la création de la Pierre à la création du monde.

Dans la première phase tout retourne au Chaos et à la matière première dans laquelle les éléments flottent confusément.

Puis l'Esprit igné intervient, sépare les Eléments, et élève vers le haut ceux qui sont pesants. Les eaux se réunissent et l'aridité apparaît.

Enfin, successivement, les deux luminaires se manifestent.

Il déclare ailleurs que le premier degré du feu détermine l'éclipse du soleil et de la lune. Avec le second la lumière de la lune commence à briller. Sous l'influence du troisième la Lune atteint toute sa splendeur. Enfin le quatrième degré est particulièrement destiné à élever le Soleil au plus haut sommet de sa gloire.

Si le lecteur considère attentivement ce symbolisme, il verra pourquoi l'œuvre au blanc ne nécessite que trois degrés du feu, le quatrième étant uniquement destiné à l'achèvement de l'œuvre au rouge.

Suivant l'expression de D'Espagnet, l'œuvre au blanc n'exige l'extraction que de trois éléments, or il est intéressant de connaître la liaison que certains alchimistes établissent entre les quatre opérations et la purification des quatre éléments, qui l'accompagne :

« La terre abandonne sa grossièreté qui empêche sa pénétration ; l'eau sa froideur, qui nuit à la teinture ; et le feu sa combustibilité qui empêche sa fusion ».

La première opération ramène la matière à l'état sous lequel elle se présentait avant la coagulaison.

La seconde la coagule de nouveau sous forme de sperme.

La troisième sépare les Eléments de la semence.

Enfin la quatrième détermine leur union ou réduction.

Par la *solution* ou *liquéfaction*, les corps retournent à leur antique matière, ceux dont la coction est suffisante sont réincrudés ; ainsi s'accomplit l'union du mâle et de la femelle, d'où naît le corbeau. La matière est alors partagée en quatre.

Eléments confus, ce qui se produit par suite de la rétrogradation des luminaires.

Avec *l'ablution* le corbeau commence à blanchir et par la conversion du corps en esprit, Jupiter naît de Saturne.

La *réduction* restitue une âme à la matière qui était inanimée et la nourrit d'un lait spirituel jusqu'à ce qu'elle acquière une force parfaite.

C'est au cours de ces deux dernières opérations que le Dragon agit contre lui-même, en dévorant sa queue, et se transforme en pierre.

Enfin la *Fixation* fixe l'un et l'autre sur son corps, par l'intervention de l'esprit qui sert de médiateur aux Teintures. La coction des ferments s'opère par degrés, les crus murissent et les amers s'adoucissent.

Puis l'Elixir fluant, teingeant et pénétrant se trouve engendré et acquiert son plus haut degré de sublimité.

C'est ainsi que par des digestions successives la *Pierre* est exaltée et amenée à la plus haute perfection.

Nous croyons inutile de prolonger ces citations, car les ouvrages de la plupart de nos Philosophes abondent en descriptions de ce genre, et le lecteur y trouvera de quoi exercer sa subtilité, et puis il est temps que nous passions à l'étude des aspects que présente la matière au cours de la coction philosophique.

En dehors des modifications qui se produisent dans sa structure générale, la matière de l'œuf, sous l'influence des différents feux de digestion, revêt une succession de colorations sur lesquelles les Alchimistes se sont appuyés pour apprécier la marche de la coction.

Ces colorations sont très nombreuses, et nous publierons tout à l'heure quelques pages, qu'a bien voulu nous communiquer, à ce sujet, un praticien moderne des plus érudits ; mais il est possible de distinguer quatre colorations principales qui servent à délimiter les quatre phases dont nous avons parlé.

Ces quatre couleurs sont le *noir*, le *blanc*, le *jaune* et le *rouge*, qui se succèdent dans l'ordre que nous avons adopté.

Jusque vers le milieu de la première phase le noir se développe, puis il va en diminuant. Au commencement de la deuxième phase le blanc commence à paraître et se développe jusqu'à la fin de la troisième. Là il atteint sa plus grande splendeur. Enfin dans la quatrième phase le jaune succède peu à peu au blanc, puis il est à son tour remplacé par le rouge qui à la fin de la coction doit se manifester dans tout son éclat.

Si nous examinons maintenant quelle est la durée de la coction en général, et de chacune de ses phases en particulier, nous voyons, d'après la plupart de nos auteurs, que la durée totale du séjour de la matière dans l'œuf est, *sensiblement*, d'une année, et que chaque degré du feu doit être appliqué pendant près de 90 jours.

Nous disons *sensiblement* parce que ce temps est susceptible de varier dans certaines limites, c'est d'ailleurs la raison pour laquelle il importe de surveiller très attentivement l'apparition des couleurs, car autrement il suffirait d'avoir un bon chronomètre, pour déterminer le moment exact où il convient de modifier le chauffage.

Dans cette détermination de la durée totale de la coction et de celles de chacune de ses phases, il ne faut, d'ailleurs, voir qu'une indication, qui vous oblige de redoubler d'attention, lorsqu'on approche d'un point critique.

Elle fournit en outre le moyen d'apprécier la marche de la coction et de remédier, jusqu'à un certain point, soit au défaut, soit à l'excès de température. On considère, en effet, que si les couleurs apparaissent trop rapidement, c'est que le chauffage a été trop violent ; si au contraire, elles elles tardent à se montrer, c'est qu'il a été trop faible ; et si dans un cas comme dans l'autre, l'écart n'est pas trop considérable, on peut remédier à ces défauts, soit en modérant son feu, soit en l'activant.

Pour terminer nous céderons la parole à l'adepte anonyme qui, à l'intention de nos lecteurs, a bien voulu condenser, en quelques pages substantielles, le résultat des observations qu'il a recueillies pendant plusieurs années de labeur :

« Tout d'abord, sous l'influence du premier degré de feu ou feu de digestion, l'eau mercurielle ou soufre volatil absorbe la terre sulfureuse ou soufre fixe, blanc ou rouge, dont il ne restera pas de trace. Le tout prend l'aspect d'une solution de consistance huileuse à la surface de laquelle montent et circulent les petites bulles sulfureuses que nos anciens ont comparées à des yeux de poisson et au sujet desquelles ils disent qu'il faut tendre le filet pour pêcher le poisson sans os. Ce filet se tend, en effet, sous la forme d'un réseau d'étoiles graisseuses, qui, aux environs du trentième jour ressemble à un bouillon fortement saupoudré de poivre. C'est le « Brodium saginatum » qui précède la putréfaction et la véritable noirceur dont il porte déjà la marque.

Dans cette première phase de la coction nous noterons simplement la couleur verte irisée, que la plupart des auteurs n'ont pas mentionnée, et qui marque que la réduction en eau est parachevée. Semblable irisation se retrouve avec de légères variantes au début de chacune des transformations importantes. Ici elle annonce la phase de putréfaction et a reçu le nom de « Ceinture de Vénus » parce que la couleur verte qui en fait le fond était consacrée à Cypris ; et c'est pourquoi Basile Valentin dit que Vénus passe la première et qu'il la cite avant Saturne emblême de la couleur noire.

A l'approche du quarantième jour la solution s'assombrit visiblement et prend un ton bleu livide, en même temps que les bulles, qui ne cessent de crever à sa surface, remplissent le haut du matras de leurs exhalaisons troubles. Ces vapeurs, appelées quelquefois « ombres cimmériennes » prendront successivement des tons jaunes, bleus et noirs. Elles ne cessent de circuler activement, tandis que la solution s'épaissit de plus en plus et offre bientôt l'aspect gras et répugnant d'une substance en putréfaction. Nos anciens ont quelquefois symbolisé ce phénomène par le cataclysme du déluge qui couvrit la terre de cadavres. Flamel dit qu'à cette phase le contenu du matras a une odeur semblable à celle d'une chair en décomposition et que l'artiste la sentirait s'il cassait son vaisseau. C'est une expérience que peu d'opérateurs se résoudraient à faire; d'autant qu'il est aisé de constater cette odeur *sui generis* dans des compositions minérales de moindre importance.

Le signe du Règne de Saturne et de la noirceur parfaite est une pellicule noire et luisante couvrant toute la surface. C'est la « Tête de Corbeau » qui doit paraître dans le quarantième jour au plus tôt, mais qui se manifeste généralement vers le quarante-cinquième jour de la coction. Si on ne voit rien passé ce temps, la chaleur ambiante est trop faible ou a été trop forte. Dans le premier cas on peut faire en sorte que le phénomène apparaisse bientôt; mais dans le second il n'y a plus rien à espérer et on peut casser son vaisseau. On trouvera la matière scindée en deux couches ; une couche inférieure épaisse et rougeâtre et une couche supérieure huileuse et rousse. Quelquefois même le sommet du matras est occupé par une matière solide sublimée par la trop grande force du feu. On peut jeter le tout et recommencer.

Dans le cas contraire la matière devient de plus en plus noire et semble résorber les vapeurs qui ne cessaient de l'arroser.

Au soixante-dixième jour la partie supérieure du matras s'est éclaircie et la matière revêt un ton violacé qui passe à l'indigo puis au bleu foncé. Les anciens auteurs en ont écrit que les violettes printanières sont les premières fleurs qui paraissent dans le parterre de l'artiste. Quant au bleu qui succède c'est le véritable règne de Jupiter.

Enfin la matière s'irise violemment sur un fond vert. C'est la « queue de paon » qui, vers le soixante-quinzième jour, se déploie sur toute la surface et dont la verdeur chatoyante ne tarde pas à gagner toute la profondeur. Elle annonce que la première période de sécheresse va succéder à la période d'humidité. Nos prédécesseurs aussi ont symbolisé ce phénomène par l'arc-en-ciel qui parut après le déluge alors que la terre commençait à se dessécher sur les hauts sommets.

Dans notre œuvre la seconde période commence vers le quatre-vingtième jour. Elle se manifeste alors de façon très apparente par une teinte grise qui s'étend sur la surface de la matière dont le bas est encore teinté des couleurs de la queue de paon.

Cette teinte grise accompagne le dessèchement des parties superficielles. Elle gagne en profondeur, et toute la masse semble vouloir se transformer en une sorte de cendre dont les particules superficielles s'agitent et se déplacent sous l'influence du second degré du feu. Quelques-unes de ces particules, plus légères et plus blanches, voltigent dans le matras où elles mettent comme de petites lueurs intermittentes. Ce sont les « Colombes de Diane » avant-courrières de la blancheur ou du Règne de la Lune. Elles se subliment pour redescendre plus blanches et plus brillantes, tandis que d'autres s'élèvent pour redescendre à leur tour.

Ainsi se forme le petit cercle blanc connu sous le nom de « Phosphore » ou « Porte lumière ». Il s'esquisse à la périphérie de la surface, et, à mesure que la matière devient plus sèche, apparaît comme composé d'une infinité de petites paillettes d'une blancheur éblouissante. Les vibrations de la masse font que ce petit cercle est bientôt accompagné d'un grand nombre d'autres qui lui sont concentriques et dont la ténuité a fait donner au phénomène le nom de « blancheur capillaire ».

Le règne de la Lune dure fort longtemps, puisqu'il faut déjà trois mois pour que la composition soit d'une blancheur uniforme. Durant ce temps les paillettes blanches se multiplient, et, quand toute la masse est éclaircie, on élève le feu d'un degré pour trois autres mois afin que la matière prenne de la fixité et qu'elle mérite de s'appeler « Lumière et Neige » ou « Notre Diane toute nue ». La lune est alors parfaite. Sabine Stuart dit que l'on voit alors au travers du verre un grand nombre de perles orientales infiniment plus brillantes que les naturelles ; mais je ne sais trop comment cette aimable artiste a pu voir semblables choses si son feu a été conduit avec la progression nécessaire. Cependant je reconnais que certaines parties sont boursouflées et plus miroitantes que d'autres.

Ici s'arrête le processus de l'Œuvre au blanc, et pour pousser plus loin (si toutefois l'Artiste s'est servi au début de son travail du Soufre fixe rouge) il est nécessaire d'employer le quatrième degré du feu. Cela ne se fait qu'à l'apparition du signe de la blancheur très parfaite, signe qui consiste en un petit cercle très mince qui apparaît à la périphérie de la matière. Sa couleur tire sur le citrin et présente cette irisation dont nous avons déjà parlé comme d'un présage de toute transformation importante. Ici elle porte le nom d' « Iris » ou d' « écharpe d'Iris ».

A partir de ce temps la chaleur du feu fait que cette teinte citrine gagne lentement toute la matière. En moins de deux mois elle rougit, tourne au safran et vers le douzième mois prend des tons de sauge pourprée ou de coquelicot qui marquent la fin de l'Œuvre au rouge. La matière est alors excessivement fixe et se présente quelquefois sous forme de corpuscules globuleux rappelant le rubis solaire. Elle n'est pas toujours très homogène et les parties centrales sont les meilleures ».

X

Essai de la matière

Si le feu a été mal réglé au cours de l'opération précédente, on retire de l'œuf une matière qui pèche par défaut ou par excès de coction et qui est impropre à tout usage si, avant de procéder aux diverses multiplications, on néglige de la rectifier.

En conséquence notre premier soin sera de faire l'essai de la matière et de vérifier si elle possède les qualités requises.

Une petite portion sera jetée sur une lame de cuivre chauffée au rouge, et dans ces conditions, devra fondre sans se décomposer.

Si elle se décompose et dégage de la fumée, c'est un indice qu'elle manque de cuisson. On la remettra donc sur le feu (4e degré) et on l'y maintiendra jusqu'à ce qu'un nouvel essai soit plus satisfaisant.

Si, au contraire, elle ne fond pas, c'est qu'elle a subi une altération, le feu ayant été trop violent.

On prendra alors la totalité de la matière et on

la broyera en poudre fine en l'arrosant avec l'Eau des Philosophes.

L'amalgame ainsi obtenu sera soumis à une nouvelle coction et chauffé par degrés comme dans l'opération première.

Et on devra ainsi broyer la matière, l'imbiber et la cuire jusqu'à ce que elle fonde comme la cire sans dégager aucune fumée.

XI

Multiplication en vertu

Dès que l'on a obtenu une pierre fixe et fusible on peut entreprendre avec succès la transmutation des métaux, mais on ne peut opérer que sur une très petite quantité car les opérations que nous avons décrites n'ont procuré à la pierre qu'une très faible énergie.

Pour qu'elle acquière une puissance beaucoup plus grande et qu'elle puisse transformer en or ou en argent, suivant sa couleur, dix fois, cent fois son poids de métal imparfait, il est nécessaire que sa vertu soit multipliée par de nouvelles coctions.

A cet effet on prépare un nouvel amalgame pour lequel on utilise le Mercure philosophique, mais en remplaçant le Soufre primitif par la pierre fixe et fusible.

Les proportions sont établies d'après la perfection de ce nouveau ferment, et s'il a deux fois plus de force et de vertu que celui du précédent amalgame on devra l'incorporer à deux fois plus de mercure ; s'il était dix fois supérieur le poids du mercure devrait être augmenté dans la même proportion.

L'amalgame étant prêt on l'introduira dans l'œuf et on procèdera pour le reste en se conformant aux indications qui ont été fournies à propos de la première coction.

Il suffira de renouveler plusieurs fois cette opération en fermentant chaque fois le mercure philosophique à l'aide du soufre exalté par la précédente coction pour obtenir une pierre dont la puissance sera merveilleuse.

D'Espagnet n'admet point que l'on puisse opérer une transmutation à l'aide de la pierre la première fois qu'elle est extraite de l'Œuf.

Lorsqu'elle est parvenue à ce degré il lui donne le nom de *Soufre philosophique* et déclare qu'il est indispensable de la transformer en *Elixir* par des manipulations ultérieures avant de pouvoir l'employer avec succès dans une projection.

Dans ce but il prescrit de faire subir la coction philosophique à un amalgame qu'il prépare avec du mercure sublimé, du ferment rouge ou blanc et du soufre philosophique.

Son procédé consiste donc à amalgamer la pierre obtenue dans la première opération avec un mercure animé, c'est-à-dire un Mercure philosophique imprégné artificiellement d'un Soufre d'or ou d'argent.

Mais il ne paraît pas qu'il soit nécessaire pour

la multiplication en vertu de procéder autrement que nous l'avons indiqué, et il est très vraisemblable que si d'Espagnet opérait ainsi c'est que son Elixir étant prêt il effectuait sa multiplication en qualité et quantité en partant du même degré (1).

1. Cf. *Turba Philosophorum*. *Petit traité d'Avicenne*. Ch. VII. De la multiplication et fixation de la pierre. *Le son de la trompette*. Ch. XV. De la multiplication ou augmentation de la Pierre.

XII

MULTIPLICATION EN QUANTITÉ

Si la multiplication en qualité s'effectue au moyen du mercure philosophique, il n'en est pas de même de la multiplication en quantité qui nécessite un mercure ayant subi la coction philosophique.

Ce mercure animé se prépare en amalgamant une chaux d'or ou d'argent avec du mercure philosophique.

Les composants sont les mêmes que ceux du premier amalgame, mais leur proportion varie.

On prend 1.000 grammes de mercure dans lequel on introduit environ 15 grammes de chaux métallique. L'amalgame ainsi obtenu est lavé, puis essuyé et réparti dans huit petit matras de dimension suffisante pour que le tiers seulement de leur capacité soit occupé.

Ces matras qui doivent être en verre épais et résistant sont placés dans l'athanor et posés simplement autour de l'œuf sur la cendre qui contient l'écuelle.

Ils sont ainsi soumis à la coction philosophique en même temps que la matière de l'œuf et on réalise de cette façon une grande économie de temps.

Lorsqu'à la fin de l'opération on les retire de l'athanor, ils renferment, suivant la nature de la chaux qui a été employée, un mercure animé que certains alchimistes appellent *Eau blanche* ou *Eau rouge*, dont ils prescrivent souvent l'emploi sans indiquer son origine et qui va nous servir à multiplier en quantité notre pierre.

A cet effet on prend 30 grammes de mercure animé que l'on place dans un vaisseau de terre très résistant et que l'on chauffe.

Dans un autre vaisseau on fait chauffer 120 grammes de pierre fusible et pénétrante.

Quand le mercure commence à bouillir et la pierre à prendre feu, on verse la pierre dans le mercure et on brasse avec une baguette de coudrier jusqu'à ce que le mercure ait disparu.

On renouvelle cette opération trois fois en ajoutant chaque fois 30 grammes de mercure.

Lorsqu'on a ainsi obtenu un amalgame composé de 120 grammes de pierre fusible et de 120 grammes de Mercure, on l'introduit dans un matras que l'on place sur un petit feu de charbon pendant deux jours.

Au bout de ce temps on augmente légèrement le feu et on chauffe encore pendant deux jours.

On opère ainsi pendant douze jours, augmentant tous les deux jours l'intensité du feu qui pendant les deux derniers jours doit être très vif.

A la fin du douzième jour on laisse éteindre le feu.

Tout le Mercure animé a été transformé en pierre fusible et on peut ainsi, sans avoir recours à la première opération, multiplier à l'infini sa provision de pierre. Il suffit d'avoir suffisamment de mercure animé.

XIII

Projection

Nous voici parvenu au terme de notre travail, et il est certain que si, suivant l'opinion de Basile Valentin, dès qu'on a découvert la matière première on trouve toujours un pot pour la cuire, à plus forte raison, dès qu'on est en possession de la pierre philosophale, on doit toujours réussir à l'utiliser.

Cependant il semble que la projection exige quelques précautions et que faute d'y recourir on s'expose, à l'exemple d'Helvétius, à un gros insuccès.

Aussi, pour compléter notre tâche, terminerons-nous en rappelant les prescriptions que nous ont laissées quelques philosophes sur l'emploi de la pierre philosophale.

D'une manière générale ils déclarent qu'il ne faut pas projeter simplement leur pierre sur un métal en fusion.

Il faut d'abord, si on a l'intention d'opérer la transmutation d'un métal imparfait, faire une projection sur poids égal d'or ou d'argent fondu suivant que l'on a réalisé l'œuvre au rouge ou l'œuvre au blanc.

Le corps ainsi obtenu est introduit dans un vaisseau de verre résistant et bien luté que l'on place dans le four de fusion où on le maintient pendant 3 jours.

Le premier jour on fait un petit feu que l'on augmente le second et que l'on pousse très fortement le troisième.

Au bout de ce temps on laisse éteindre le feu et refroidir la matière dans le four.

La projection devra se faire sur des métaux fondus et elle sera d'autant plus parfaite que le métal choisi aura déjà lui-même plus de perfection.

Ainsi on recommande d'employer l'Argent dans l'Œuvre au rouge et l'Etain dans l'Œuvre au blanc.

A côté de ce procédé nous devons signaler celui qui généralement a attiré l'attention des auteurs modernes qui se sont occupés de la question.

Dans un creuset on introduit suivant les uns du mercure, suivant les autres du plomb, et, lorsque le premier entre en ébullition ou lorsque le second est en fusion, on projette la pierre philosophale qu'on a eu soin d'entourer au préalable d'un peu de cire ou de papier.

Voici ce que dit à ce sujet saint Thomas d'Aquin : « Prends une coupelle d'orfèvre, dont tu enduis un peu l'intérieur avec de la graisse et places y notre mercure suivant la proportion requise, le tout sur feu lent, et lorsque le mercure commence à fumer, projette la médecine enfermée dans de la cire propre ou dans du papier. Prends un gros charbon embrasé et spécialement préparé pour cet usage que tu mettras sur le fonds du creuset; puis donne un feu violent, et lorsque tout sera liquéfié, tu projetteras dans un tube enduit de graisse et tu auras de l'or ou de l'argent très fins suivant le ferment que tu auras ajouté » (1).

1. On pourra consulter dans la *Turba Philosophorum*, le ch. VIII du *Petit traité d'Avicenne* et les Ch. XVII et XVIII du traité intitulé le *Son de la trompette* (*Clangor buccinæ*).

APPENDICE

Les petits particuliers.

Nous avons examiné ce que les alchimistes appellent le Grand Œuvre, c'est-à-dire la réalisation la plus remarquable qu'il soit possible d'entreprendre et qu'il soit permis de réaliser dans la mise en pratique de leur art, mais nous devons avant de quitter le lecteur lui signaler certains procédés qui ont pour but également de perfectionner la matière minérale et de transformer les métaux inférieurs en métaux précieux.

Ces procédés, qu'ils désignent sous le nom de *Petits particuliers*, sont destinés, disent-ils, à procurer une amélioration de la nature métallique.

Nous avons tenu à les signaler car toutes les méthodes qui dans ces derniers temps ont été préconisées, à tort ou à raison, pour obtenir la transformation d'un métal en un autre se rattachent évidemment à ce groupe de *Petits particuliers*.

Ces pratiques s'autorisent toujours de la même théorie, mais elles apparaissent comme des applications particulières de certaines parties de cette théorie, et c'est vraisemblablement ce qui leur a mérité le nom que leur attribuent les alchimistes.

En outre elles ne sont que la reproduction des phénomènes qui s'accomplissent dans la Nature alors que le Grand Œuvre au contraire dépasse la Nature et ne peut être réalisé que par l'intervention de l'Art.

Ces procédés, quelles que soient du reste les manipulations qu'ils comportent et les substances qu'ils emploient, peuvent se répartir en trois groupes.

Les métaux composés de Soufre, de Mercure et de Sel, croissent et évoluent dans le sein de la terre, et si il est possible dans un laboratoire, en opérant dans des conditions irréprochables, soit de modifier la composition d'un corps par substitution ou addition de principes plus éminents, soit de faire croître ou de faire évoluer un métal, on pourra par l'une de ces voies réaliser une modification avantageuse de la nature minérale.

Dans le premier cas on réalisera une véritable synthèse du métal, et c'est à une opération de ce genre que *Basile Valentin* fait allusion lorsqu'après avoir vanté les qualités du *Mercure* de l'argent, du *Soufre* du cuivre et du *Sel* du fer, il ajoute qu'il est avantageux de savoir « mêler la force et la dureté de Mars avec la constance de la Lune et la beauté de Vénus, et les accorder par un moyen spirituel ».

La croissance du métal ou son développement en quantité devra s'opérer dans un milieu spécial qu'on apprendra à connaître en observant la nature de ses minières.

Enfin son évolution nécessitera des conditions identiques, mais exigera en outre l'application du feu sous une forme analogue à celle qui a été employée dans le Grand Œuvre.

La synthèse nécessite une véritable solution philosophique à laquelle doit succéder la putréfaction ; l'accroissement et l'évolution ne peuvent se produire que lorsque le métal a revêtu une forme végétable ; aussi, jusqu'à un certain point, ces petits particuliers se rattachent-ils au Grand Œuvre, tant parce qu'ils s'inspirent des mêmes conceptions, envisagées à un point de vue restreint, que parce qu'ils obligent de recourir partiellement aux moyens que comporte sa réalisation.

Le nombre des recettes et des procédés qui nous ont été transmis, et qui, d'après le témoignage de leurs inventeurs, permettent d'obtenir, par cette méthode, l'amélioration de la nature minérale, est incalculable.

Les Alchimistes grecs et arabes, les Philosophes Hermétistes du moyen âge, enfin même quelques chercheurs modernes, ont décrit *clairement* des opérations relativement simples qu'il est très facile de reproduire mais dont le résultat laisse généralement à désirer.

A ce sujet le lecteur pourra consulter, soit les *Archidoxes* de Paracelse, soit le *Traité alchimique* que renferme le *Mundus Subterraneus* du P. Kircher, car il nous est impossible d'exposer ici tous ces *Recipe*.

Cependant à titre de curiosité et pour terminer ce paragraphe nous décrirons brièvement : 1° Le procédé que l'on trouve dans le *manuscrit* attribué au moine Cosmos ; 2° L'un de ceux qui figurent dans l'ouvrage du P. Kircher.

1. Préparer un amalgame avec 3 parties d'or et 1 partie de mercure. Laver cet amalgame avec de l'eau de manière à le débarrasser de la couleur noire, puis le presser dans une peau de chamois pour éliminer le mercure en excès.

Cet amalgame est alors mélangé avec de l'*Ios*, de bonne qualité, du sel ammoniac et de la chaux, puis le tout est broyé sur le marbre.

Le produit ainsi préparé est pétri avec un jaune d'œuf et la pâte ainsi obtenue est introduite dans une coquille d'œuf *dure, fraîche et propre*.

On bouche l'ouverture de la coquille et on lute complétement, après quoi le tout est placé pendant sept jours dans du crotin de cheval.

Au bout de ce temps tout le contenu de la coquille doit être transformé en Ios, et s'il n'en est pas ainsi on doit recommencer.

Puis on allume un feu de charbon et on fait rôtir à diverses reprises l'œuf tout entier. Enfin on obtient une poudre de projection en broyant le produit sur le marbre. Projetée dans de l'argent fondu cette poudre le convertit en effet en or pur.

Il serait aisé de formuler au sujet de cette préparation quelques objections, nous ne le ferons pas car le lecteur remédiera aisément à notre abstention. Mais on conviendra que le procédé que nous venons de décrire offre au moins l'avantage de ne point nécessiter l'installation d'un laboratoire coûteux.

2. Le procédé rapporté par Kircher est moins rudimentaire, il possède même une certaine allure bien faite pour inspirer confiance à l'étudiant qu'effraient un peu le labeur et l'assiduité que nécessite la réalisation du Grand-Œuvre.

On fait dissoudre 3 onces d'argent dans 8 onces d'eau forte, puis on introduit dans la solution 1 livre de mercure.

Le tout est placé dans un vase cylindrique en verre que l'on recouvre d'une calotte sphérique appropriée, après quoi on scelle avec le lut de Sapience (farine, chaux vive, argile et blanc d'œufs).

Le vase en verre est placé à son tour dans un vase cylindrique en cuivre dont le diamètre est plus grand de deux ou trois travers de doigt, mais dont la hauteur est plus petite de moitié. Entre le vase en verre et celui en cuivre on a eu soin d'interposer du sable blanc très fin.

D'autre part il faut avoir une sorte de caisse vitrée, analogue à certaines de nos étuves, qui doit être assez grande pour que l'on puisse y suspendre l'appareil précédent.

Cette caisse se termine par un dôme mobile en forme de pyramide, et c'est au sommet de ce dôme que l'on prend un point d'appui pour suspendre le cylindre en cuivre et son contenu.

Le chauffage s'effectue au moyen d'une lampe munie d'une mèche d'amiante et garnie d'huile d'olive.

On chauffe d'abord pendant 14 jours sans arrêt et sans variations, la lampe ayant été organisée à cet effet, puis on enlève le dôme de la caisse vitrée et on introduit dans le cylindre en verre 8 onces d'huile de vitriol.

Après que tout a été refermé, on rallume la lampe et on chauffe de nouveau pendant 14 jours.

On trouve alors dans le récipient *une livre d'argent* qu'il faut passer à la coupelle. Les 3/4 de cet argent constituent le bénéfice ; quant à l'autre quart on le replace dans le récipient avec poids égal de mercure, 2 onces d'Eau forte et 2 onces d'huile de vitriol.

L'appareil est remonté, on chauffe de nouveau pendant 14 jours, après quoi on trouve une masse d'argent dont on dispose comme précédemment, et ainsi de suite.

Ce dernier procédé, quels que soient les résultats qu'il puisse donner après qu'il aura été complété, appartient réellement à la catégorie des *petits particuliers*, alors que le précédent était plutôt une imitation du Grand-Œuvre. Nous nous en tiendrons donc à ce spécimen de procédés d'à côté qui se rattachent à l'*Art transmutatoire*, remettant à plus tard d'en faire en un autre ouvrage un exposé méthodique et détaillé. C'est là, en effet, qu'il faut chercher les origines de la chimie moderne, et non, comme on voudrait le faire entendre dans les pratiques des Philosophes Alchimistes.

CONCLUSION PALLIATIVE

En parvenant au terme de ce travail nous nous apercevons que, cédant à l'attrait d'un sujet qui eut l'heur pendant longtemps de nous passionner, nous avons dépassé, oh! combien, les limites que nous nous étions tracées.

Après avoir décidé d'écrire un petit opuscule pour défendre une catégorie de travailleurs trop généralement méconnue, nous avons commis un livre qui pourrait inciter quelques personnes non seulement à approfondir les idées des anciens alchimistes, mais aussi à les imiter dans leurs pratiques.

Or nous voulons à ce propos présenter quelques réserves, et dégager, par un conseil désintéressé, notre responsabilité, au cas où cette publication aurait pour résultat de lancer quelqu'un à la recherche de la *Pierre Philosophale*.

Certes nous sommes parfaitement convaincu de la réalité de son existence, nous avons la certitude qu'un assez grand nombre d'Adeptes ont su réaliser le Grand-Œuvre, et en conséquence nous prévoyons qu'à une époque peu éloignée les recherches scientifiques des modernes aboutiront à une modification complète des théories actuelles et à la justification de la doctrine des alchimistes.

Mais cependant, si toutes ces circonstances autorisent et légitiment les plus belles espérances, on ne saurait, en raison des nombreux aléas que comporte la recherche de la Pierre des philosophes, en raison même de ceux qu'entraînerait sa découverte, se consacrer entièrement et exclusivement à la poursuite de ce merveilleux trésor.

Si l'histoire nous apprend qu'un certain nombre d'alchimistes ont pu réussir, elle nous relate aussi tous les malheurs qu'attira sur eux la possession d'un bien qui leur créait tant d'envieux, et elle nous montre en outre, à côté de ces philosophes dont les recherches avaient été couronnées de succès, une multitude de souffleurs qui avaient gaspillé leur santé et leur fortune en travaux infructueux.

Chacun il est vrai peut se croire plus capable que ces pauvres diables et plus digne, par conséquent, de figurer parmi les sages.

Mais quoi qu'il en soit, il est plus sage encore d'envisager l'alchimie strictement au point de vue scientifique et philosophique, et de ne point s'adresser à elle dans le but de s'enrichir.

23 décembre 1903.

A. HAATAN

TABLE DES MATIÈRES

Avertissement..................................... 3
Introduction justificative........................ 7
CHAPITRE I. — L'alchimie et ses origines......... 21
CHAPITRE II. — Les théories...................... 33
  Première partie. — La Philosophie hermétique.
    — Son caractère et sa méthode.......... 37
  Deuxième partie. — Notions générales sur la hiérarchie des causes et sur la physiologie de l'Univers. — Principe formel et principe matériel. — Le médiateur universel....... 49
  Troisième partie. — La matière. — Constitution intime des corps physiques ou mixtes sensibles................................. 71
    I. — Etude comparative des diverses théories.. 71
    II. — La théorie atomique..................... 81
    III. — Composition des Mixtes sensibles suivant l'Hermétisme...................... 85
    Première phase. — La Forme et la Matière. 88
    Deuxième phase. — Semences et éléments.. 97
    Troisième phase. — Soufre. Sel. Mercure.... 122
CHAPITRE III. — Les faits........................ 137
  Justification de la théorie alchimique par l'observation des phénomènes géologiques. — Evolution naturelle du Règne minéral........ 139

Chapitre IV. — La pratique..................................... 175
    Adaptation rationnelle des Théories et des Faits à la réalisation du Grand Œuvre..... 177
    I. — Considérations générales................... 177
    II. — Les formes opératives (Solve. — Coagula). 190
    III. — La matière de l'œuf...................... 198
    IV. — Le Soufre................................ 206
    V. — Le Mercure............................... 214
    VI. — Calcination philosophique................ 224
    VII. — Préparation de l'amalgame............... 237
    VIII. — Le vaisseau et l'Athanor philosophiques. 240
    IX. — Coction philosophique. — Les 4 digestions et les 4 régimes du feu. — Les couleurs.... 245
    X. — Essai de la matière....................... 260
    XI. — Multiplication en vertu................... 262
    XII. — Multiplication en quantité............... 265
    XIII. — Projection............................. 268
Appendice.......................................
    Les petits particuliers........................... 271
Conclusion palliative............................. 279

Imprimerie H. JOUVE, 15, rue Racine, Paris.

Documents manquants (pages, cahiers...)
NF Z 43-120-13

www.ingramcontent.com/pod-product-compliance
Lightning Source LLC
Chambersburg PA
CBHW071137160426
43196CB00011B/1926